Daniel Bogner

Ihr macht uns
die Kirche kaputt …

Daniel Bogner

Ihr macht uns die Kirche kaputt …

… doch wir lassen das nicht zu!

HERDER

FREIBURG · BASEL · WIEN

MIX
Papier aus verantwor-
tungsvollen Quellen
FSC® C014496

Die Bibeltexte sind entnommen aus:
Einheitsübersetzung der Heiligen Schrift,
vollständig durchgesehene und überarbeitete Ausgabe
© 2016 Katholische Bibelanstalt GmbH, Stuttgart
Alle Rechte vorbehalten

Satz: Daniel Förster, Belgern
Herstellung: GGP Media GmbH, Pößneck

Printed in Germany

ISBN Print 978-3-451-39030-2
ISBN E-Book 978-3-451-81848-6

Inhalt

Nichts ist mehr, wie es war   9

1. Ja, wo leben wir denn eigentlich?   19

Kirche kennt keine Gewaltenteilung   20

Menschenwürde – gut für die Predigt,
nicht für das Kirchenrecht   24

Was wir brauchen: eine demokratische Kirche . . .   30

2. Immer weniger Mitspieler – und immer
mehr Schiedsrichter   37

»Die da oben« gegen »Wir vor Ort«   39

Nur der gute Wille zählt?   44

Was wir brauchen: guter Geist in guten Strukturen   47

3. Absolutismus heilt sich nicht von selbst . . .   53

Tradition: die atheistische Versuchung   54

Mehr Revolution wagen!   58

Der Rechtsweg ist ausgeschlossen!   63

Was wir brauchen: eine Kirche, die lernt
und endlich handelt   67

4. Die Kirchenkrise auf den Punkt gebracht:
Ihr kommt hier nicht rein! 71

Vom Rücken durch die Brust ins Auge 72

Frustration im »Meinungsghetto« 76

Trampelpfade des Überlebens 81

Willkommen im permanenten Ausnahmezustand . 87

Was wir brauchen: ein Ende der klerikalen
Monokultur 90

5. »Die wirklich kritischen Leute sind schon
längst ausgewandert« 93

Synodalität und andere Containerbegriffe: Die
Selbsttäuschungen des Reformkatholizismus ... 96

Falscher Trost: die Kunst des Möglichen 99

Was wir brauchen: geweihte Frauen statt
Lückenbüßer 101

6. Von den Hirten verlassen 105

Verantwortung übernehmen, statt in Betroffenheit
zu erstarren 107

Fehler haben keine Folgen 109

Mit zweierlei Maß messen: für die Kirche kein
Problem? 111

Was wir brauchen: Leiter, die wissen,
für wen sie da sind 114

7. »Ecclexit« oder der tote Winkel
des Glaubens 119

»Dann geh doch rüber!« 121

Lagerfeuer in der Ruinenlandschaft 125

Was wir brauchen: Kirche als echte Heimat 128

8. Warum ein *Mission Manifest* nicht genügt . 135

Keine Alternative: Reform oder Erneuerung 137

Zeit für pastoralen Ungehorsam! 139

Dahin gehen, wo es wehtut 140

Die Lehre füllen: Liebe, Respekt, Toleranz 149

Was wir brauchen: katholische Identität
auf der Höhe der Zeit 151

Abschied von heiligen Strukturen 155

Literatur und Empfehlung 159

Nichts ist mehr, wie es war

Irgendetwas ist anders. Dieses Gefühl haben viele, wenn sie heute an die Kirche denken. Ich spreche von der katholischen Kirche. Sie ist meine Kirche, immer schon. Ich wurde nach der Geburt katholisch getauft, in diesem Glauben erzogen und durch meine bayerische Heimat auch kulturell in ihn »hineingeprägt«. Religiös zu sein war für mich immer eine natürliche Möglichkeit, die dem Menschen offensteht. In der katholischen Ausprägung des christlichen Glaubens fand ich einen Weg, diese Möglichkeit zu ergreifen.

Ich empfand diesen Weg als einladend – sinnenfroh und ganzheitlich, stets darum bemüht, die religiöse Botschaft in die kulturelle Umgebung zu übersetzen, dem Rationalen gegenüber keinesfalls abgeneigt. Nicht engstirnig und sektiererisch, sondern weltoffen und interessiert erlebte ich den Katholizismus in Kindheit und Jugend. Es war die glückliche Gestalt einer Glaubenskultur, die fähig war zu Synthese und Kompromiss. Man lebte in dieser Kirche das lebendige Erbe einer jahrhundertelangen Tradition mit ihren Bräuchen und spirituellen Praktiken. Das schuf ein Selbstbewusstsein der Religion, das die Basis war für ihre Neugierde und die Freude am Experiment. Ich durfte eine Kirche erleben, die, angestoßen durch das II. Vatikanische Konzil, sich den Entwicklungen in Welt und Gesellschaft zuwandte, davon lernen wollte, ohne ihre Quellen preiszugeben.

Ein solcher Katholizismus bot vieles, Verankerung und Aufbruch, Gedächtnis und Wagnis, Gewissheit und Risiko. Auch Debatte und Streit gab es, gewiss. Darum, was denn die notwendigen Konsequenzen des Glaubens im Politischen seien, und natürlich darüber, welche Reformen in der Kirche anstünden. Von einer Krise sprach man eigentlich immer schon. Dass der Glaube irgendwie angesagt war oder unumstritten – davon kann wirklich keine Rede sein. Dennoch, es ist heute nicht mehr so, wie es bisher war.

Etwas ist zerbrochen, und dieses Etwas lässt sich an der Missbrauchskrise festmachen. Ich nenne es das »Hintergrundvertrauen«. Das ist die Gewissheit, dass es im Letzten schon sein Richtiges habe mit der Kirche. Für viele Menschen, die ich auf meinem Weg im Katholizismus kennengelernt habe, war immer klar: Diese Kirche ist unendlich langsam damit, sich auf Neues einzulassen und das Notwendige zu lernen. In ihr sind Kräfte am Werk, die sie bremsen und durch die sich viele ausgebremst fühlen. Aber es ist doch eine Kirche, für die sich der Einsatz lohnt. Irgendwann, so die stille Annahme, wird das »lange Bohren dicker Bretter«, wie der Soziologe Max Weber es einmal für das Geschäft der Politik ausdrückte, auch in der Kirche Erfolg haben. »Und sie bewegt sich doch ...« – so die Hoffnung, die viele lange Zeit hatten.

»Die Menschen glauben uns nicht mehr!«, sagt der Münchner Kardinal Reinhard Marx heute, wenn er die Situation analysiert. Die Kirche hat offenbar ihre wichtigste Ressource verspielt, die Glaubwürdigkeit. Denn das, was unter keinen Umständen passieren durfte, ist geschehen. Nicht nur bei den anderen, sondern hier, mitten in der eigenen Kirche. Man kann nichts verdrängen, etwa indem man auf andere Länder zeigt. Und es ist nicht nur einmal passiert, sondern immer wieder – und geschieht wahrscheinlich fortlaufend, wie die Forscher der Studie zum Missbrauch an Minderjährigen durch katholische Priester, Diakone und männliche Ordensangehörige (die sogenannte »MHG«-Studie) sagen. Dieses Buch setzt hier an. Es ist entstanden aus einer Empörung: Wie kann die Kirche zulassen, dass das geschieht, was den Namen »Missbrauch« trägt? Wie kann es sein, dass die Kirche offenbar Verbrechen zum System werden lässt? Weshalb tut sie nicht alles, um zu verhindern, dass so etwas weiter vorkommen kann?

Mein Eindruck ist: Viele spüren, dass die Kirche vor einer gewaltigen Aufgabe steht und dass sie sich Fragen zuwenden muss, die ihr wehtun. Es vergeht kaum eine Woche, in der nicht Bischöfe und hohe Kirchenverantwortliche betonen, wie sehr alles Mögliche »auf den Prüfstand« müsse – Zölibat, Machtausübung in der Kirche, die Beteiligung von Laien und überhaupt »der Umgang miteinander«. Die vielen Äußerungen zeigen, dass man spürt, wie wenig man auf den eingefahrenen Gleisen weiterkommen wird. »Die alte Zeit ist zu Ende« – diese Aussage des Essener Bischofs Franz-Josef Overbeck markiert am deutlichsten dieses Bewusstsein, und das ist durchaus bemerkenswert.

Was aber folgt? Hinter den Kulissen der Bischofskonferenz wird mittlerweile mit harten Bandagen um diese Frage gekämpft. Vor einem »Missbrauch des Missbrauchs« warnen manche Amtsträger. Der Missbrauchsskandal solle nicht dafür genutzt werden, die angeblichen Ladenhüter der kirchlichen Reformdebatte nun endlich unter die Leute zu bringen. Was für eine narzisstische Aussage! Gerade weil die Verbrechen des Missbrauchs wiederholt und über einen langen Zeitraum geschehen sind, sind die Bischöfe verpflichtet, nach den tieferen Ursachen zu suchen. Dass dabei einiges infrage gestellt wird, was so mancher Kirchenführer lieber unangetastet ließe, ist kaum zu vermeiden.

Ich versuche, erste Schritte auf dem Weg zu gehen, den jetzt viele fordern. Dieses Buch spürt den Ursachen für die »toxische« Gestalt der Kirche nach, die mit dem Missbrauchsskandal sichtbar wurde. Die zentrale Frage lautet: Was ist schuld daran, dass die Kirche sich für viele so »vergiftet« anfühlt? Diese Diagnose kennt viele Facetten. Der Missbrauch ist die schlimmste davon. Aber »toxisch« ist die Kirche auch auf andere Weise.

Ich habe jene Menschen von heute im Blick, die von der Botschaft Jesu angezogen sind und Glaubensbereitschaft mitbringen. Das Problem besteht darin, dass viele von diesen Menschen nicht den Eindruck haben, man begegne ihnen in der Kirche auf Augenhöhe – als Menschen, die in Beruf und Familie mit Kompetenz und Engagement ihren Einsatz zeigen und gehalten sind, Regeln des Respekts vor der gleichen Würde aller einzuhalten. In der Kirche hingegen wird die eine Hälfte der Menschen wegen ihres angeblich falschen Geschlechts einer Sortierung unterzogen, die bestimmte Möglichkeiten der Teilhabe von vornherein ausschließt. Und wer das Glück hat, Mann zu sein, muss immer noch damit rechnen, dass die Entscheidungen eines Geweihten im Zweifelsfall als das bessere Argument gelten. Oder man muss zur Kenntnis nehmen, dass die Macht des kirchlichen Amtsinhabers einer geringeren Kontrolle unterliegt, als dies bei jedem Verantwortlichen in Politik und Wirtschaft der Fall wäre ... Ich habe dieses Buch geschrieben, weil ich ernst nehmen möchte, was so viele Bischöfe und Verantwortliche jetzt fordern – dass man den Ursachen auf den Grund gehen soll und über die notwendigen Schritte der Veränderung konkret nachdenken muss.

»Ihr macht uns die Kirche kaputt!« – mit diesem Titel ist eine ganz bestimmte Perspektive eingenommen. Es ist die Blickrichtung derjenigen, die wirklich etwas zu verlieren haben in der gegenwärtigen Krise. Die Rede ist von den Kirchenmitgliedern, die – aus welchen Gründen auch immer – bis heute dabeigeblieben sind und zu denen auch ich selbst mich zähle. Viel zu lange haben die Menschen in der Kirche pauschales Vertrauen zu ihrer Leitung aufgebracht, im guten Glauben, die Gottesmänner würden schon das Richtige tun, um die Botschaft des Evangeliums auch in der Kirche Wirklichkeit werden zu lassen. Spätestens jetzt, mehr als jemals zuvor, müssen Gläubige sich eingestehen, dass dieses Vertrauen oft nicht gerechtfertigt war. Wir haben zu lange stillgehalten, schäfchen-brav hingenommen und uns einlullen lassen, wenn in fromm klingender Sprache von oben herab die herrschenden Verhältnisse für richtig erklärt wurden.

Vieles ist heute anders. Einzelne Bischöfe sprechen Klartext. Selbst treueste Kirchenmitglieder sind entsetzt und enttäuscht, wie mit ihrem Vertrauen umgegangen wurde. Die Kirchenleitung steht in der Bringschuld. Blickt man auf die zentrale Stellung und Machtfülle von Bischöfen in der römischen Kirche, sind sie es, die zuallererst »liefern« müssen. Es gibt allerdings auch eine zweite Seite dieser Medaille. Denn wie in jedem Herrschaftsverhältnis braucht es auch in der Kirche Menschen, die sich in ein Untertanenbewusstsein fügen. Gläubige könnten und sollten diese Haltung ablegen und ihren Kirchenleitungen auf eine ganz andere Weise Druck machen, als das bislang geschieht. Ich werde deshalb im Folgenden auf zwei unterschiedliche Punkte eingehen.

Auf der einen Seite geht es um den Rahmen der Kirche, also Kirchenverfassung und Rechtsordnung der katholischen Kirche. Beides wurde viel zu lange vernachlässigt und nicht für wichtig erachtet, obwohl damit die Grundlinien der Kirche gezogen sind. Auf der anderen Seite wird ein Blick auf die Mentalitäten, die Denk- und Handlungsweisen gerichtet, die der verfassungsmäßigen Grundordnung folgen und von den Akteuren oft blind verinnerlicht sind. Dass die Oberen »sanft herrschen« und die Unteren sich so gern führen lassen, allenfalls »Fragen stellen« statt aufzubegehren, ist eben auch eine Folge des Platzes, den die Kirchenordnung, unter der man als katholisches Kirchenmitglied steht, einem zuweist.

Ich finde es befremdlich, dass so viele Katholikinnen und Katholiken ihre ganze Hoffnung auf Papst Franziskus richten. Einer, der da ganz oben, soll es nun richten! Was aber, wenn er anderes tut oder äußert, als man es von ihm erhofft? Oder wenn der Papst wechselt und das kommende Pontifikat andere Ziele verfolgt als das aktuelle? Wie vermessen und unrealistisch überhaupt ist die Erwartung, von einer einzigen Person, die noch dazu innerhalb eines fest gefügten institutionellen Systems agiert, könne die grundlegende Wende ausgehen? Es ist, so drastisch muss man es wohl formulieren, eine in sich nochmals autoritär strukturierte Erwartung, die viele katholische Kirchenmitglieder da umtreibt.

Unterschiedliche Aspekte sind es also, die mich dazu führen, eine »kirchliche Verfassungsdiskussion« einzufordern und diese hier zu beginnen. Wie vor allem in den ersten drei Kapiteln sichtbar wird, hilft mir dabei der Vergleich zwischen der Kirche und dem demokratischen Rechtsstaat. Eine Anmerkung dazu ist mir wichtig. Natürlich kann man über die Wahrheit nicht abstimmen! Ich halte es für richtig und notwendig, dass es in der Kirche eine Instanz gibt, die für die Identität des Christlichen Sorge trägt und gelegentlich dazu auch ein autoritatives (nicht autoritäres!) Wort spricht.

Die Kirche ist aber eben nicht nur ein »Lehrkörper« mit einer Glaubenswahrheit, sondern auch ein »Sozialkörper«, in dem diese Wahrheit gelebt werden will. Und im Bemühen, die Wahrheit umzusetzen, muss sich die Kirche einer anderen Kontrolle unterwerfen, als es in der Aufgabe eines kirchlichen Lehramtes nötig ist. Die römische Kirchenführung hat in der Vergangenheit immer wieder gerne die eine Kompetenz mit der anderen kurzgeschlossen!

Dass der Vergleich zwischen Demokratie und Kirche bei Weitem nicht so abwegig ist, wie manche meinen, zeigt noch etwas anderes. Auch der freiheitliche Rechtsstaat baut auf einer Wahrheit – es ist der Glaube an die Menschenwürde, von der sich die Grund- und Menschenrechte des Verfassungsstaates ableiten. Über diese Wahrheit der Demokratie wird ebenfalls nicht verhandelt und abgestimmt, wohl aber über die politischen Konsequenzen, die daraus folgen und über die es unterschiedliche Auffassungen gibt.

Dieser Gedanke und die zuvor dargestellte Überlegung bestärken mich in der Erwartung, aus dem Vergleich von Kirche und Demokratie einiges Erhellendes gewinnen zu können. Beide, demokratischer Staat und Kirche, sind trotz aller Unterschiedlichkeiten so etwas wie Spielarten eines Umgangs mit dem Unverfügbaren.

Mir geht es nicht allein darum, Zusammenhänge zu beschreiben und Sachinformationen zusammenzutragen. Zentral ist für mich die Frage: Was macht die Lage mit den Betroffenen, in allererster Linie mit denen, die eigentlich gerne Kirche sein wollen? Welche

Möglichkeiten bleiben ihnen angesichts der immer verfahreneren Situation? Und wie ist das alles vor dem Horizont der doch eigentlich allein ausschlaggebenden biblischen Sendung der Kirche zu bewerten?

Das Genre dieses Buches ist Kritik. Es mag manche und manchen verschrecken. Gerade in der Kirche gibt es oft eine »Kuschelsprache«, die Kritik nicht akzeptieren will, wenn nicht umgehend Vorschläge zum Bessermachen unterbreitet werden. Ich meine allerdings, die gegenwärtige Krise der Kirche ist so gravierend, dass es zunächst einer sehr gründlichen Analyse und Diagnose bedarf. Erst dann kann man sagen, wie man sich aus dieser Krise eventuell befreien kann. Mir geht es nicht darum, irgendetwas schlechtzureden. Viel zu sehr bin ich selbst mit der Kirche verbunden. Viele der Entwicklungen und Kräfte, die im Folgenden beschrieben werden, habe ich selbst erfahren oder aber miterlebt, wie andere sie erfuhren. Andernfalls könnte ich dieses Buch gar nicht schreiben. Denn es ist aus der Sorge um einen Verlust entstanden.

Mit meinem Lebensalter gehöre ich einer Schwellengeneration an, für die es typisch ist, so zu empfinden. Wir haben als Kinder und Jugendliche noch eine recht lebendige Nachkonzilskirche mit einer bunten, breit aufgestellten »Pfarrfamilie« erlebt, später, im Studium, übervolle theologische Hörsäle und eine mehr oder weniger gut funktionierende Priesterausbildung. Aber meine Generation wurde auch Zeuge, wie aus der Topografie einer tief gestaffelten Volkskirche nach und nach und zuletzt immer schneller eine Ruinenlandschaft wurde. Gesichert durch ein stabiles Staatskirchenrecht – das ist wiederum typisch für die deutsche Situation – werden die Kulissen der religiösen Besiedlung von einst weiter munter herumgeschoben. Man realisiert dabei viel zu wenig, dass man die Ruinen längst anders bewohnen müsste.

»Ihr macht uns die Kirche kaputt!«, das ist nicht motiviert durch Häme oder den Spaß an der Kritik von Macht und Institution. Es ist ein Weckruf aus eigener Betroffenheit. Die Kritik ist deshalb so fundamental, weil es mich beschäftigt, welche Art von Kirche meine Kinder heute und morgen erleben können, um ihren Glauben zu entwickeln. Sie werden sich später nicht damit zufriedengeben, wenn ich ihnen erkläre, dass eben die Verhältnisse so waren, eins zum anderen kam und ohnehin gravierende Argumente aus Tradition und Dogma gegen echte Teilhabe und Geschlechtergerechtigkeit vorgebracht wurden ... Sie fragen mich heute schon: Was tust du als Theologe, damit es anders wird? Ich muss für das kämpfen, was mir wichtig ist – auch in der Kirche.

1.
Ja, wo leben wir denn eigentlich?

Adel bringt Quote! Was wäre das Fernsehen ohne die Live-Events aus den europäischen Königshäusern? Für viele Zeitgenossen ist es eine bunte Abwechslung des eher gewöhnlichen Alltags – und die Bilder formvollendeter Zeremonien und von Menschen in wunderbaren Kleidern haben es ja auch in sich. Manch einen Lebensweg begleitet das Schicksal von Prinz Charles oder der norwegischen Kronprinzessin Mette-Marit seit Jahrzehnten ...

Dass wir royale Themen heute so entspannt zur Kenntnis nehmen können, hat einen einfachen Grund. Als politische Herrschaftssysteme sind die Königshäuser abgelöst worden, zumindest in den allermeisten Ländern des Westens. Die politische Macht wurde ihnen entwunden, in zum Teil blutigen politischen Kämpfen. Erscheinungsbild und Etikette des Hochadels können Sehnsuchtsorte sein, weil uns der politische Herrschaftsanspruch dieses Adels heute nicht mehr trifft. Mit den bürgerlichen Revolutionen hat sich in vielen Ländern Europas die Demokratie durchgesetzt – und damit das Versprechen, dass Bürgerinnen und Bürger selbst über ihr Zusammenleben bestimmen dürfen. Natürlich ist nicht garantiert, dass Demokratien immer gut funktionieren. Auch sie können in schweres Fahrwasser geraten, wie die Auseinandersetzungen um den Populismus ja zeigen. Aber die allermeisten Menschen würden heute wohl der Aussage zustimmen: Immer noch besser in der Demokratie leben als in einem feudalen Obrigkeitsstaat, in dem man per se schon keine Chance hat, jemals irgendetwas mitbestimmen zu dürfen!

Der Blick auf Staat und Politik hilft bei einer ehrlichen Analyse der Kirche. Denn verfassungspolitisch befinden wir uns hier noch in »vorrevolutionärer Zeit«. Als katholisches Kirchenmitglied ist man Teil einer Gemeinschaft, die in den wichtigsten Punkten einer absolutistischen Monarchie gleicht. Die Ausübung von Herrschaft unterliegt keiner verbindlichen Kontrolle, die Kirchenleitung legitimiert sich nicht von denen her, die sie leiten soll, und sie kennt keine von dieser Leitung wirklich unabhängige Rechtsprechung. Doch eins nach dem anderen.

Kirche kennt keine Gewaltenteilung

Zunächst einmal sticht ins Auge, dass in der Kirche etwas fehlt, was im modernen Staat eine Selbstverständlichkeit und lebensnotwendig ist, die Gewaltenteilung. Darunter versteht man ein Prinzip politischer Ordnung, das auf den französischen Philosophen Charles de Montesquieu zurückgeht. Es besagt, dass in einem Staat gesetzgebende Gewalt (das Parlament), ausführende Gewalt (die Regierung) und rechtsprechende Gewalt (die Gerichte) voneinander unabhängig sein sollen. So können Machtmissbrauch und Korruption am besten verhindert werden. Dieses Prinzip ist zum Credo des modernen Rechtsstaates geworden. Es gilt als unverzichtbarer Grundpfeiler einer politischen

Ordnung, die sich an der Freiheit orientiert. Denn nur wenn Machtausübung nicht im Block stattfindet, sondern auf unterschiedliche Rollen verteilt ist, gibt es eine realistische Chance, dass diese Macht sich nicht verselbstständigt. Ziel ist die gegenseitige Kontrolle dieser Machtdimensionen.

Gewaltenteilung zeigt sich in einigen wenigen, essenziellen Grundregeln. Die Regierung handelt innerhalb eines gesetzlichen Rahmens, den nicht sie selbst erlässt, sondern andere, nämlich das Parlament. Gibt es unterschiedliche Auffassungen und Streit darüber, was vom Gesetz gefordert ist, kann man unabhängige Gerichte anrufen, um darüber zu befinden. An Gerichtsurteile sind dann auch diejenigen gebunden, die die Gesetze erlassen haben (das Parlament) oder sie auslegen und anwenden (die Regierung). Schließlich gibt es ein Verfassungsgericht, das die Gesetzgebenden daran erinnert, nur solche Gesetze zu erlassen, die den Grundregeln des Staates (der Verfassung) auch entsprechen.

Mit diesen wenigen Regeln kann man den Geist der Gewaltenteilung beschreiben. Im Laufe der Zeit ist dieses Prinzip immer weiter entfaltet worden. Es ist nicht nötig, diese Verästelungen hier *en détail* nachzuzeichnen, um zu sehen, dass damit ein hoher Wert aufscheint. Gewaltenteilung ist eine Mindestvoraussetzung dafür, dass bei aller notwendigen Ausübung von Macht der und die Einzelne nicht unter die Räder gerät. Denn wo Menschen zusammenleben, entstehen Strukturen, mit denen dieses Zusammenleben organisiert wird. Solche Strukturen sind immer davon geprägt, dass es über- und untergeordnete Personengruppen gibt – die einen, die Gestaltungsmacht haben, und die anderen, die von deren Entscheidungen betroffen sind. Gewaltenteilung heißt: Die Ausübung von Macht wird auf unterschiedliche Rollen verteilt, die strukturell voneinander getrennt sind und die sich gegenseitig kontrollieren sollen. Sie schafft dadurch Zwischenräume, in denen Bürgerinnen und Bürger »Luft zum Atmen« haben. Sie ist der Versuch, der Machtausübung die Willkür zu nehmen und sie gerechter zu machen.

Der Unterschied zur Kirche ist frappierend. Nicht Gewaltenteilung, sondern Gewaltenanhäufung ist hier das Prinzip. In der Person des Bischofs, der eine bestimmte Ortskirche leitet, vereinen sich die im staatlichen Bereich dreifach ausdifferenzierten Gewalten in einer einzigen Person. Der Bischof ist sowohl Regent seines Bistums, er erlässt (»promulgiert«) kirchliche Gesetze und ist auch noch oberster Richter der kirchlichen Rechtsprechung. Anstelle von drei Gewalten, die sich gegenseitig begrenzen und kontrollieren, gibt es in der Kirche nur eine einzige Gewalt, personifiziert im Bischofsamt. Die lateinische Sprache kennt dafür den Fachbegriff Monarchie. Das heißt übersetzt Herrschaft, die in einer Person gebündelt ist – Alleinherrschaft.

Absolutistisch (vom lateinischen *absolutum*, losgelöst) kann diese Monarchie genannt werden, weil sie unabhängig ist von einer konkreten Basis, von der sie ihre Legitimation erhalten würde. Nicht das Wahlvolk legitimiert mit seinem Votum die herrschende Instanz, sondern diese leitet ihre Berechtigung zur Herrschaft »von oben« ab – von einer höheren Macht, der sie sich verpflichtet und von der sie sich berufen weiß. In der Tradition der lateinischen Kirche ist dies die sogenannte *sacra potestas*, die heilige (Amts-)Gewalt Jesu Christi, die dem Bischof im Sakrament der Weihe übertragen wird. Er erhält damit Anteil an dieser Gewalt, die ihn fortan zum Leiten und Lenken befähigt. So zumindest Theorie und Theologie der Herrschaftsgewalt in der Kirche. Die innere Logik der Kirche ist also grundverschieden von der des Verfassungsstaates.

Wo dieser »von unten« ansetzt, bei seinen Bürgerinnen und Bürgern, leitet jene sich »von oben« ab, vom Heilsplan Gottes für diese Welt. Der Souverän des demokratischen Rechtsstaats sind die Bürger. Souverän in der Kirche ist der jeweilige Bischof. Seine Aufgabe ist es, in Gemeinschaft mit den geweihten Amtsträgern seines Bistums – den Priestern – den der Kirche anvertrauten Heilsplan Gottes auszulegen und Wirklichkeit werden zu lassen. Was für ein Anspruch – schön und vermessen zugleich! Denn er bildet zwar ein Ideal, aber er stellt nicht in Rechnung, dass Priester und Bischöfe dieser Kirche nicht nur geweihte Personen sind, sondern zugleich fehlbare Menschen bleiben. Sie können den Anspruch, unter dem sie der Theorie nach in ihrem Amt stehen, verfehlen, ihn gar verraten.

Wie viel bescheidener und realistischer, aber dennoch fundiert auf einen zentralen Wert tritt da der freiheitlich-demokratische Rechtsstaat auf. Mit der Idee der Menschenwürde ist auch ihm ein hohes Ideal eigen, in dessen Dienst er gestellt ist. Aber mit dem Prinzip der Gewaltenteilung nimmt er zugleich eine realistische Einschätzung über die Menschen vor, die in seinem Namen handeln. Macht und Ämter verleiten zu Macht- und Amtsmissbrauch und deshalb bedarf es kluger Regeln, um das zu verhindern. Amtsinhaber stehen deshalb nicht über dem Recht, sondern darunter. Die Verpflichtung des Amtsinhabers, die Regeln zu respektieren, unter denen das gesamte Gemeinwesen steht, gilt auch für ihn selbst. Diese Rechtsunterworfenheit der Regierung ist für uns als Bürgerinnen und Bürger des politischen Gemeinwesens selbstverständlich. Wir würden niemals sagen: Wenn etwas Gutes dabei herauskommen kann, dürfen Regierungen schon mal das Recht übertreten und die Verfassung brechen.

In der Kirche fallen solche Abwägungen schnell andersherum aus. Weil der Amtsinhaber ja aufgrund seiner Weihe in direkter Weise Anteil an der »heiligen Gewalt« Christi hat, kommt ihm monarchische, absolute Autorität zu. Recht und Gesetz haben dann einen anderen Status als im Staat. Sie sind Instrumente, mit denen die heilige Gewalt sich durchsetzen soll. Im Rechtsstaat ist es umgekehrt, da bilden Recht und Gesetz die höchste Autorität, unter der jeder Amtsinhaber steht. Und zwar aus einer realistischen Weltsicht heraus, weil man darum weiß, dass Menschen mit zu viel unkontrollierter Macht überfordert sind, und es deshalb gut ist, auch die Inhaber höchster Ämter unter die noch höhere Herrschaft des Rechts zu stellen. Einfach und einleuchtend – aber in der Kirche keine Selbstverständlichkeit.

Menschenwürde – gut für die Predigt, nicht für das Kirchenrecht

Die Bischöfe leiten eine religiöse Institution, deren Mitgliedern – den Gläubigen – zwar im kirchlichen Recht die »wahre Gleichheit in ihrer Würde und Tätigkeit« zuerkannt wird (CIC Can. 208), die aber lediglich Empfänger kirchlicher Leitungsentscheidungen sind. Dass sie ihrerseits das Handeln der Leitung legitimieren oder daran zumindest mitwirken können, ist nach dem kirchlichen Recht nicht vorgesehen. Der Bischof empfängt seine Legitimation von anderswoher, von oben, nicht von denen, für die er Bischof ist.

Ein solches Konzept des kirchlichen Amtes ist aus Sicht einer mittelalterlichen Theologie schlüssig. Man muss sich aber bewusst sein, in welchem Kontrast es zur Lebenswirklichkeit der allermeisten Menschen heute steht. Und es soll auch gar nicht gesagt werden, dass die Kirche einfach alles so machen soll wie eine x-beliebige Organisation oder ein Verein unserer Zeit. Man darf ihr ruhig anmerken, dass sie einen jahrhundertealten Erfahrungsschatz im Gepäck hat und daraus lebt.

In Gewaltenteilung und demokratischer Beteiligung zeigen sich allerdings ethisch-moralische Werte, welche die Kirche in ihr eigenes Organisationskonzept aufnehmen könnte. Natürlich muss beim kirchlichen Bischofs- und Leitungsamt eine Verbindung »nach oben« vorausgesetzt werden können. Aber weshalb lässt sich dies nicht kombinieren mit einer Legitimierung durch die Gläubigen? Denn diesen Getauften ist schließlich zugesagt, geistbegabte Glieder des Leibes Christi zu sein. Muss man ihre Rolle bei der Gestaltung der Kirche darauf beschränken, bloße Adressaten der Entscheidungen zu sein, die geweihte Amtsträger kraft ihres vermeintlich exklusiven Zugangs zur *sacra potestas*, der heiligen Herrschaftsgewalt Christi, innehaben sollen?

Jede und jeder Gläubige ist doch über das Sakrament der Taufe ebenfalls in einer unmittelbaren Verbindung mit Christus – warum also den Getauften als denen, die ja eigentlich »Kirche sind«, nicht zutrauen, ihre eigene Kirchenleitung auch (mit-)auswählen und kontrollieren zu können? Was wir heute brauchen, ist die Entwicklung einer kirchlichen Gewaltenteilung. Dass man damit das Geschäft einer »Selbstsäkularisierung« betriebe, ist ein Gerücht. Es wird gestreut, um solche Überlegungen zu diskreditieren.

Vielfach ist gerade in Kirchenkreisen die Meinung anzutreffen, der rechtliche Rahmen sei für das kirchliche Leben nun wirklich zweitrangig. Es komme auf »Inhalte« an und die richtige Haltung. Den Glauben könne man sowieso nicht per Gesetz erzwingen ... Auch wenn Letzteres stimmt, der rechtliche Rahmen definiert das »Spielfeld«, innerhalb dessen überhaupt Kirche stattfindet. Hier entscheidet sich, was erlaubt ist und was nicht, wer wozu berechtigt ist und ab welchem Punkt man nicht mehr beanspruchen darf, in katholischem Namen zu handeln.

Unser Bewusstsein als politische Bürgerinnen und Bürger ist hier weiter entwickelt. Den allermeisten Deutschen etwa ist bewusst, wie gut es ist, das Grundgesetz als Verfassung zu haben. Menschenwürde und Menschenrechte werden darin als die Basis des Zusammenlebens und als Kriterien von Politik und Recht festgeschrieben. Das Verfassungsrecht gilt nicht umsonst auch als die Königsdisziplin der Rechtswissenschaft. Von hier aus bestimmt sich der Rest. Die Verfassung hält fest, was die grundlegenden Prinzipien sind, nach denen sich die politische und rechtliche Ausgestaltung des Gemeinwesens auszurichten hat. Es ist die moralische Grundlage des Rechts überhaupt: Im Zweifelsfall müssen einzelne Gesetze oder Entscheidungen von Politik und Behörden immer auf Verfassungsgrundsätze rückgebunden werden können.

Bei der Kirche erleben wir ein Paradox. Ihr Kirchenrecht kommt ohne ein eigentliches Verfassungsrecht aus, obwohl die Kirche eine große Organisation ist und eine Vielzahl von Funktionen und Akteuren in sich vereint. In einer solchen Organisation müssen Befugnisse und Handlungsrollen definiert und verteilt werden. Zugleich formuliert die Kirche als Institution bestimmte

Leitbilder und Ziele, die in der alltäglichen Pastoral erst noch zu verwirklichen sind. Dabei kommt es – wie im Verfassungsstaat – zu Zielkonflikten und entgegengesetzten Interessen. Man denke etwa an den Konflikt zum Umgang mit wiederverheirateten Geschiedenen, der die Kirche schon so lange beschäftigt.

Letztlich steht die Frage im Raum, wie die Perspektiven der einzelnen Kirchenmitglieder mit den Interessen und Zielen der Gesamtorganisation in Ausgleich gebracht werden können, wenn es zum Konflikt oder zumindest zu unterschiedlichen Positionen kommt. Hier wäre der Anspruch sogar noch weitergehend als im Staat. Wie kann nicht nur ein konfliktfreies Miteinander der vielen Einzelnen, sondern sogar eine gemeinsam geteilte Vision wachsen und wirklich werden?

Nun trifft man auf den Standpunkt, es sei Unsinn, die Kirche mit dem Staat zu vergleichen. Denn die Kirche sei eine göttliche Gründung, in ihr komme es letztlich darauf an, nach Gottes Willen zu suchen, und der lasse sich nicht am kleinen Karo des Rechts festmachen … Solche und ähnliche Positionen wurden immer wieder angeführt, um reale Machtausübung in ihrer Ambivalenz zu verschleiern und letztlich zu überdecken, dass jedes amtliche Handeln in der Kirche zwei Seiten hat. Wenn es in der richtigen Haltung geschieht, darf es darauf hoffen, vom Willen Gottes Zeugnis zu geben. Aber es ist als menschliches Handeln immer auch Ausdruck einer konkreten, einzelnen Situation. Damit ist es notwendigerweise »parteiisch« und allenfalls kleiner Teil des größeren göttlichen Willens – so wie sich der Geist Gottes auch nicht auf seine Kirche, schon gar nicht allein auf die katholische Kirche beschränken lässt. Dieser Geist weht, wo er will. Das ist mehr als eine Redensart, es ist nur theologisch ehrlich, das zu sagen.

Gerade weil die Kirche nicht nur eine vage Idee ist, sondern konkrete Realität in dieser Welt, braucht sie das Recht. Und nicht eines wie das aktuelle kanonische Recht, das im Kern aus Spätantike und Mittelalter stammt und wichtige Entwicklungen späterer Jahrhunderte kaum in sich aufnehmen kann, wie den unverfügbaren Stellenwert des menschlichen Individuums, die in der Aufklärung gewachsene Einsicht, dass der Mensch zu sittlicher Selbstbestimmung in der Lage ist, sowie die neuzeitliche Erkenntnis, dass man den Einzelnen vor der Macht von Gesellschaft und Gemeinschaft auch schützen muss, damit er diese überhaupt zu gestalten in der Lage ist. Mit einem Wort, die Erkenntnis der Menschheitsgeschichte, dass Freiheit ein Grundwert ist, schlägt sich heute zwar in vielen Predigten und in der pastoralen Verkündigung nieder, im Recht der Kirche aber findet sich diese Überzeugung nicht wieder. Es ist ein »*Top-down-*Recht«, kein »*Bottom-up-*Recht«. Und das, obwohl die christliche Überzeugung von der geschöpflichen Würde jedes einzelnen Menschen eine ganz andere Entwicklung ermöglicht hätte. Gerade das Thema Missbrauch offenbart die verhängnisvolle Inkonsequenz, durch welche die Kirche in ihre gegenwärtige Krise geraten ist. In ihr ist zwar von der gleichen Würde aller Menschen vor Gott die Rede, diese gepredigte Würde ist aber nicht – wie das beim neuzeitlichen Verfassungsstaat der Fall ist – als Kriterium einer gleichen Freiheit aller Kirchenmitglieder zum bindenden Rechtsmaßstab erhoben worden.

Für den demokratischen Staat war es ein langer und mühsamer Weg. Nicht mehr in einer bestimmten Ideologie, etwa der Herrschaft einer Klasse wie im Kommunismus oder der Homogenität des »Volkskörpers« wie im Nationalsozialismus, soll der Staat sein inneres Fundament finden. Viel bescheidener, aber zugleich anspruchsvoller ist heute die Begründung staatlicher Herrschaft. In ihrem Zentrum steht der einzelne Mensch. Er ist Ziel und Zweck allen staatlichen Handelns, seine Ansprüche auf Entfaltung und Freiheit sind heute die Maßeinheit des Politischen.

Rechtsprechung, Gesetzgebung und politisches Handeln haben damit einen unumgänglichen Maßstab. Man muss ihn für das eigene Handeln zugrunde legen und andere können sich darauf berufen, um dieses Handeln auf seine Rechtmäßigkeit überprüfen zu lassen. »Menschenwürde« ist die einprägsame Kurzformel dieses Maßstabs. Natürlich entzündet sich auch darum Streit – etwa wie nun eine Wirtschafts- und Sozialpolitik auszusehen hat, die dem Maßstab der Menschenwürde verpflichtet ist. Oder welche Art von Gesundheitsversorgung zu einem menschenwürdigen Leben gehört. Oder wie ein menschenwürdiges Leben im Pflegeheim konkret aussieht. Solche Auseinandersetzungen sind unvermeidlich und müssen geführt werden. Das Entscheidende für unsere Überlegungen aber ist: Im Bereich des Staates hat das Kriterium der Menschenwürde eine rechtlich festgeschriebene Verbindlichkeit, im Bereich der Kirche nicht.

Es ist eine paradoxe Situation. Der Staat macht mit einem Anliegen des christlichen Glaubens ernst, die Kirche aber mag diesen Weg nicht mitgehen. Die Menschenwürde wird von ihr in der Verkündigung zwar hochgehalten und nach außen, also gegenüber der Politik, immer wieder vehement eingefordert. Aber in ihrem eigenen Bereich, im kirchlichen Recht, bleibt der Anspruch nur ein Ideal. Real spielt sie keine nennenswerte Rolle. Hier sind es andere Werte, die den verbindlichen Maßstab abgeben, das Heil der Seelen und die Verpflichtung, mit dem institutionellen Handeln kirchlicher Amtsträger Sorge zu tragen für dieses Heil und dabei die kirchlich vorgesehenen Verfahren korrekt zu praktizieren.

Was wir brauchen: eine demokratische Kirche

Viele, die kirchliche Reformen einfordern, haben die Frage nach einer guten Kirchenverfassung lange ignoriert. Als ob das Kirchenrecht nicht so wichtig wäre, sondern nur etwas für Winkeladvokaten mit Kalkleiste. Diejenigen, die von Berufs wegen mit dem Kirchenrecht zu tun haben, sind sich der Probleme vielfach bewusster als so mancher Kirchenkritiker. Ich selbst konnte priesterliche Kirchenjuristen kennenlernen, die aus einer echten theologischen Motivation heraus den Spagat zwischen gelebtem Glauben und kanonischem Recht in mühevoller juristischer Auslegungsarbeit zumindest notdürftig bewerkstelligten. Aber es kann nicht sein, dass die Last dieser zum Teil heftigen Spannungen allein den handelnden Akteuren auferlegt wird. Das Recht selbst muss besser werden und damit zu einem Instrument, welches es erleichtert, in dieser Kirche Christin und Christ zu sein. Heute drängt sich vielfach der Eindruck auf, das geht nur gegen dieses Recht – indem man es stillschweigend ignoriert oder bewusst bricht. Dies sind die wichtigsten Punkte eines lebensdienlichen, reformierten Kirchenrechts:

1. Aus der absolutistischen Monarchie der Kirche muss eine religiöse Demokratie werden. Liegen heute Kirchenleitung, Gesetzgebung und Rechtsprechung in der alleinigen Hand des Bischofs, muss dies künftig verbindlich voneinander getrennt werden. Der Bischof kann damit

seiner eigentlichen Aufgabe besser nachkommen, nämlich die Kirche nach den Maßgaben der dafür vorgesehenen Prinzipien und Gesetze zu leiten. Außerdem braucht
es eine Verwaltungsgerichtsbarkeit auf mehreren Ebenen,
bei der alle Mitglieder der Kirche das amtliche Handeln
der Kirchenleitung auf seine Rechtmäßigkeit überprüfen
lassen können, sobald es zum Konflikt kommt. »Religiöse Demokratie« heißt nicht, Staat und Gesellschaft zu
kopieren, sondern im Gegenteil den Ehrgeiz zu haben,
ein modellhaftes Beispiel wahrer Beteiligung zu entwickeln, von dem andere lernen können.

2. Souverän, das heißt der wichtigste Träger von Rechten in
der Kirche, dürfen allein die getauften Christinnen und
Christen sein, die »des priesterlichen, prophetischen und
königlichen Amtes Christi teilhaftig« sind, wie es das Kanonische Recht bereits heute sagt (CIC, Can. 204). Wenn
die Kirche vor allem als das »Volk Gottes auf dem Weg«
zu verstehen ist, dann ist es Aufgabe aller Christinnen und
Christen, vom Ruf Gottes, den sie vernommen haben,
Zeugnis zu geben – sie »sind« Kirche. Dies muss sich im
Recht der Kirche ausdrücken. Natürlich, der eigentliche
»Souverän« seiner Kirche wird immer Gott selbst sein. Als
konkrete Nachfolgegemeinschaft in Zeit und Geschichte,
die aus irdischen, sterblichen Menschen besteht, bedarf
diese Kirche aber einer fassbaren Struktur. Und deren Souverän kann niemand anderes sein als die Gemeinschaft der
Kirchenmitglieder, nicht aber der Priester oder Amtsträger, in dem man die hoheitliche Vermittlungsgestalt eines
nur durch ihn kanalisierbaren Heils erblickt.

3. Institutionelle Regelungen und das Amt in der Kirche sind nicht Zweck an sich, sondern dienen dem, wofür die Kirche da ist. Heute wird oft so getan, als seien die existierenden Regelungen in der Kirche in Stein gemeißelt. Aber zum Charakter der Kirche gehört es gerade, als irdisch-weltliche Nachfolgegemeinschaft in der Geschichte – und nicht außerhalb davon – zu stehen. Veränderung und Entwicklung sind nun mal die wichtigsten Charakteristika von Geschichte. So gilt es zu erkennen, dass auch in der Kirche und im Kirchenrecht vieles mit der Zeit gewachsen und entstanden ist.

Deshalb ist immer wieder neu zu fragen: Dient eine bestimmte Regelung dem kirchlichen Anliegen oder nicht (mehr)? Ämter, Strukturen und Vorschriften brauchen dann nicht sakralisiert werden, sondern dürfen und müssen sogar weiterentwickelt werden. Den geschichtlichen Wandel auch im Innern der Kirche anzuerkennen, ist sogar wahrhaft theologisch. Denn damit kommt zum Ausdruck, dass sich der Heilswille Gottes nicht abstrakt, sondern konkret in Welt und Geschichte ausdrückt und auf weltliche und geschichtliche Instrumente angewiesen ist, um verwirklicht zu werden.

Die Frage nach der richtigen Kirchenverfassung ist alles andere als nebensächlich. Das mag bewusst werden, wenn man ein Gedankenexperiment anstellt. Stellen wir uns vor, wir lebten heute in einem Land mit einer absolutistischen Regierung ohne Parlament und demokratische Wahlen. Die Kämpfe um Menschenrechte, politische Teilhabe und gleiche Rechte aller wären erfolglos verlaufen. Die Bevölkerung müht sich dennoch seit Langem redlich darum, das Gemeinwesen irgendwie mitzugestalten. Mit viel Energie und Kreativität werden immer neue Eingaben an die Obrigkeit ersonnen, »Dialogprozesse« mit der verantwortlichen Führung gestartet und auf die Einführung eines partiellen Ämterzugangs zumindest für die männliche Geschlechtsgruppe gehofft.

Letztlich sind die Aussichten solcher Versuche aber ungewiss und es bleibt nichts als die Hoffnung, dass sich bei den Verantwortlichen die Einsicht durchsetzt, Grundlegendes zu verändern. Hier und da geht es der Bevölkerung gar nicht schlecht und es gibt sogar »Biotope der Ermutigung« – etwa dort, wo einzelne lokale Machthaber angenehme Menschen und integre Persönlichkeiten sind. An diesen Orten gelingt hier und da ein wahrhaft kollegiales Zusammenleben. Über solchen Momenten gelingender Gemeinschaft aber schwebt das Schwert des Willkürlichen. Nichts garantiert solche Beteiligung und Teilhabe! Von heute auf morgen können sich die Verhältnisse ändern. Mit einem neuen Amtswalter aber weht schnell ein anderer Wind, alle Handlungsräume werden neu verteilt, gewährte Zuständigkeiten wieder zurückgezogen. Was bleibt, ist die Hoffnung auf eine gute Regierung, die die Anliegen der Bevölkerung ernst nimmt. Eine Garantie dafür gibt es nicht …

So weit das Gedankenexperiment. Es zeigt den Ernst der Lage. Für unsere politische Existenz würden wir niemals akzeptieren, was im kirchlichen Gemeinwesen noch Standard ist, die beinahe vollständige Abhängigkeit der Kirchenmitglieder von Entscheidungen, die andere Personen in Ämtern treffen, zu denen viele per se – etwa kraft »falschen« Geschlechts – keinen Zugang haben und deren Handeln wir in keiner Weise verbindlich kontrollieren oder mitbestimmen können. Verfasst nach dem

Modell einer absolutistischen Monarchie, inszeniert nach den Gepflogenheiten einer ständischen Gesellschaft und geschmückt mit Zutaten aus dem bunten Kosmos des höfischen Rituals tritt die Kirche heute auf wie aus einer anderen Zeitrechnung. Dass sie mit ihren bizarren institutionellen Formen zugleich eine Botschaft vertritt, die hoch aktuell ist und mitten in unserer Welt von heute Sprengkraft entfaltet, ist der eigenartige Widerspruch des Katholischen. Gerechtigkeit, Barmherzigkeit, die Verheißung eines ewigen Lebens in Gott, sein guter Schöpferwille für diese Welt, die daraus hervorgehende menschliche Würde und die unableitbare Verantwortung jedes und jeder Einzelnen – all das sind die starken Botschaften des christlichen Glaubens, von denen viele Menschen angezogen sind.

Ohne eine gute Kirchenverfassung aber wird alles Arbeiten an Themen und Inhalten zur Sisyphusarbeit. Ständiges Mühen an den immer gleichen Baustellen, Hoffen auf nachhaltige Wirkung, ohne je darüber sicher zu sein, Investition in ein Werk, das andere verwalten. Was am Ende bleibt? Die Hoffnung auf den »aufgeklärten Monarchen«, der es gut und richtig meint. Wie absurd ist eine Kirchenordnung, die das Handeln der Kirchenmitglieder in solchen Bahnen festhält! Der Reformkatholizismus, der im Gefolge des II. Vatikanischen Konzils und unter Berufung auf die viel zitierte Pastoralkonstitution *Gaudium et spes* mit Enthusiasmus für die Erneuerung der Kirche eintrat, muss sich wohl vorhalten lassen, dass man die Frage nach der Gesamtverfassung und ihren Regeln vernachlässigt hat und deswegen den Bemühungen um Kirchenreform keine wirkliche Perspektive bieten konnte.

Verfassungsfragen sind Existenzfragen, das kann man aus der politischen Geschichte lernen. Kirche und Staat sind nicht dasselbe. Aber beiden gemeinsam ist die Frage: Wie kann ein Gemeinwesen existieren und sich erhalten? Aus dem vergleichenden Blick auf beide Sozialkörper lässt sich viel lernen. Einst waren es Christentum und Kirche, von denen wichtige Impulse für die staatlichen Strukturen ausgingen. Der europäische Sozialstaat ist ohne die Beiträge des Christentums kaum vorstellbar. Heute scheint die Kirche umgekehrt einiges aus der Geschichte des freiheitlichen Verfassungsstaates lernen zu können. Es gibt jedenfalls zu denken, dass vom »Kirchenvolksbegehren« nur bildhaft, als Metapher, augenzwinkernd, aber eben nicht im wörtlichen Sinne gesprochen wird. In vielen Staaten hingegen gehören Volksbegehren und -entscheide zum politischen Alltag – ganz ohne Anführungszeichen und einfach nur, um den Mitgliedern der Gesellschaft die reale Möglichkeit auf verbindliche Mitwirkung zu geben. Wäre die Wiedergeburt der Kirche aus dem Geist des freiheitlichen Verfassungsstaates nicht ein lohnendes Experiment? Es ist höchste Zeit, darüber ernsthaft nachzudenken.

2.
Immer weniger Mitspieler – und immer mehr Schiedsrichter

Zugegeben, es ist ungewöhnlich, zuerst auf Recht und Verfassung zu schauen, wenn man nach der aktuellen Situation der Kirche fragt. Ich glaube aber, dass dies notwendig ist, weil es die Augen öffnet für ein großes Problem: Die Kirche hat zwar ein Recht, aber es ist das falsche. Es arbeitet nicht freiheitlich, sondern »von oben nach unten«. Es setzt nicht bei der einzelnen Person und ihrer unveräußerlichen Würde an, sondern beim Daseinszweck der Institution Kirche. Damit wird eine ganz bestimmte, für unsere heutige Situation fragwürdige soziale Grundordnung etabliert. Es ist eine Ordnung, die in beinahe allen Bereichen des kirchlichen Lebens definiert, was erlaubt ist, und eine kreative Suche nach möglichen Alternativen zu den bestehenden Verhältnissen unterdrückt.

Das Recht ist deswegen nicht belanglos, weil es für Gemeinschaften eine lebenswichtige Funktion erfüllt. Menschen sind keine isolierten Monaden, sondern auf Gemeinschaft und das soziale Miteinander angewiesen. Das gilt für die arbeitsteilige Wirtschaft ebenso wie für das familiäre Zusammenleben oder für Sport und Spiel. Ohne den gegenseitigen Bezug ist unser Leben nicht nur ärmer, sondern würde gar nicht funktionieren. Das Recht hilft dabei, dieses Miteinander zu koordinieren. Damit es das kann, muss das Recht für diejenigen akzeptabel sein, für die es da ist. Das geschieht, wenn Menschen sich zumindest grundsätzlich darin wiederfinden. Indem das Recht des freiheitlichen Verfassungsstaates beim unveräußerlichen Freiheitsanspruch der einzelnen Bürgerinnen und Bürger ansetzt, wird dies gewährleistet. Der Staat ist für den Menschen da, nicht der Mensch für den Staat! Ist es so vermessen und abwegig, dasselbe auch für die Kirche einzufordern?

Menschen spüren, sie sind als unverwechselbare Individuen von Gott angesprochen und angenommen. Diese Lebenszusage Gottes gilt aber ebenso ihren Mitmenschen. Und ohne diese anderen kann auch ich mein Menschsein gar nicht in seiner ganzen Fülle erleben. Hier entsteht Kirche. Denn den Glauben kann man nicht alleine leben. Ich brauche die anderen, um mit ihnen gemeinsam Gott zu loben und diese Welt schöpferisch mitzugestalten.

Der christliche Glaube ist das große Gemeinschaftswerk, in dem Menschen versuchen, eine Antwort auf den ursprünglichen Ruf ihres Gottes zu geben. Die Kirche bietet dafür einen Rahmen – mit ihren zur Tradition gewordenen Modellen für Handeln, Reden, Feiern und Verstehen. Es entsteht das, was man Glaubenspraxis nennt. Und damit dies nicht nur Zufallsprodukt einmaliger und nicht wiederholbarer Situationen ist, braucht es so etwas wie Regeln der Wiedererkennbarkeit – inhaltlich, liturgisch, sozial. Ich bin mir sicher: Würden Kirchenmitglieder spüren, dass sich das kirchliche Recht von diesem Bedarf her ableiten, wäre die Kirche nicht in der massiven Legitimationskrise, in der sie sich heute befindet.

»Die da oben« gegen »Wir vor Ort«

Die katholische Kirchenverfassung aber stellt etwas Perfides mit den Kirchenmitgliedern an. Sie zementiert eine Gemeinschafts ordnung, die nicht zuerst an Freiheitlichkeit und Menschen- würde, sondern an der Vorrangstellung der Institution Kirche Maß nimmt. Die Folge davon ist, dass viele Kirchenmitglieder, die aus ihrer Lebens- und Erfahrungswelt ganz anderes gewohnt sind, sich damit schwertun, die Kirche so zu akzeptieren, wie sie der Rechtsform nach eigentlich gesehen werden müsste. Sie sind dann gezwungen, die offiziellen Strukturen der Kirche aus ihrem Sichtfeld zu verdrängen oder sie schönzureden. Viele Hauptamt- liche in der Kirche tun das ebenfalls. »Wichtig ist doch nicht das, was ›die da oben‹ sagen, sondern das, was wir hier vor Ort tun!« – so oder ähnlich lässt sich wohl die Einstellung vieler beschreiben, die sich noch kirchlich engagieren.

Es ist eine verständliche und nachvollziehbare Haltung, aber sie zwingt einen zu einer inneren Spaltung. Man geht schon gar nicht mehr davon aus, dass Form und Inhalt, äußerer Rahmen und gelebte Erfahrung irgendwie zueinanderpassen, das eine durch das andere ausgedrückt und repräsentiert wird. Das kann eine Weile lang gut gehen. Bis eine lokale Praxis »auffliegt« und eingestellt werden muss, auch auf Druck besonders regeltreuer Gemeindemitglieder, die von der höheren Ebene eine »Klarstel- lung« einfordern. Oder das Personal wird versetzt, oder die Pro- fessorin der Theologie muss widerrufen und »klarstellende« Ar- tikel publizieren, um die Lehrgenehmigung von den römischen Behörden zu erhalten …

Im Ergebnis stellt sich diese Spaltung als eine unüberwind- liche, eben hinzunehmende Hürde dar, über die jeder springen muss, der sich irgendwie der katholischen Kirche zugehörig fühlt. Sie funktioniert nach einer verschwiegenen, nur im harten Konfliktfall sichtbar werdenden, sich dann aber umso unnachgiebiger zeigenden Ordnung, die selbst von vielen ihrer Amtsträger mehr oder weniger geschickt umgangen oder gedehnt wird. Nimmt man sie beim Wort, erweist sich, wie sehr Seelsorge und Pastoral auf der einen Seite und die amtlichen Strukturen auf der anderen Seite auseinanderklaffen.

Irgendjemand aber muss diese Kluft zusammenhalten, den Graben zwischen der rechtlichen Struktur der Kirche und der pastoral-orientierten Praxis überbrücken. In der Regel bleibt diese undankbare Aufgabe an den handelnden Akteuren hängen, den Priestern, Pastoralreferentinnen, den in der Seelsorge Mitarbeitenden aller Art. Auf ihrem Rücken, also in der vollen Verantwortung der »seelsorgenden« Einzelperson, soll ein Ausgleich hergestellt werden zwischen Struktur und konkreter Lage – eine schier übermenschliche Herausforderung. Der Frust vieler Pastoralreferentinnen und -referenten und so mancher Priester-Burnout gehen auf den Druck zurück, den eine solche Lage erzeugt. In jeder anderen Organisation wäre es wohl schon längst zum Kollaps gekommen.

Genau hier wird ein Grundzug der römisch-katholischen Tradition sichtbar. Man kann ihn mit einem eingängigen Algorithmus bezeichnen: Moral sticht Recht. Damit ist gemeint, dass sich beim verantwortlichen Personal in der Kirche eine Haltung etabliert hat, welche der inneren Einstellung gegenüber den rechtlich-dogmatischen Satzungen und Normen von vornherein den Vorzug gibt. Grundsätzlich spricht auch viel dafür, nicht zuallererst nach einem geschriebenen Gesetz zu fragen, wenn konkretes Handeln gefragt ist, sondern dem Kompass der eigenen inneren Stimme zu folgen. Das Gute zeigt sich nicht zuerst im Recht, sondern umgekehrt, Menschen wollen im Recht abbilden, was ihnen als gut erscheint.

Die biblische Tradition formuliert dies bereits so und begründet damit eine religionsgeschichtliche Revolution. Nicht auf die formale Erfüllung kultischer Pflichten kommt es an, sondern auf die ethisch-innere Haltung, aus der heraus Menschen dem Ruf Gottes antworten. Reue und Umkehr sind deshalb die Leitworte, um zu beschreiben, wie aus dem störrischen Volk das Volk Gottes werden kann. Keiner formuliert es so klar wie der Prophet Ezechiel:

> »Ich gebe ihnen ein einmütiges Herz und einen neuen Geist gebe ich in euer Inneres. Ich entferne das Herz von Stein aus ihrem Fleisch und gebe ihnen ein Herz von Fleisch, damit sie meinen Satzungen folgen und meine Rechtsentscheide bewahren und sie erfüllen. Dann werden sie mir Volk sein und ich werde ihnen Gott sein.« (Ez 11,19f.)

Das Neue Testament setzt dies fort. In seinem Lehrgespräch über die Reinheit betont Jesus, wie sehr es auf Herz und Gesinnung und nicht auf Tun und Reden an sich ankommt:

> »Was aber aus dem Mund herauskommt, das kommt aus dem Herzen und das macht den Menschen unrein. Denn aus dem Herzen kommen böse Gedanken, Mord, Ehebruch, Unzucht, Diebstahl, falsche Zeugenaussagen und Lästerungen« (Mt 15,18f.)

Ohne diesen Vorrang der inneren Einstellung vor der formalen Pflicht wäre der christliche Glaube gar nicht zu denken, und nichts wäre falscher, als diese Reihenfolge schlicht auf den Kopf zu stellen. Allerdings muss man danach fragen, auf welcher Ebene sie zur Anwendung kommt! Es macht einen Unterschied, ob es darum geht, die eigene Glaubenshaltung auszurichten, oder ob man nach Kriterien sucht, die für eine Gemeinschaft oder eine Institution gelten sollen. Genau hier kommt es zum Kurzschluss. Oftmals wird mit dem Verweis auf die richtige und gute Absicht das amtliche, institutionell wirksame Handeln begründet. Das geschieht zum Beispiel, wenn Bischöfe zum wiederholten Mal ihre »feste Absicht« bekunden, den Missbrauchsskandal aufzuklären. Oder wenn der Pfarrer die »Beschlüsse« des Pfarrgemeinderates zu dem von ihm angenommenen Wohl der Gemeinde auslegt und anwendet. Der hier geschilderte Mechanismus bleibt nicht auf geweihte Amtsträger beschränkt. Man findet ihn genauso bei nicht geweihten Hauptamtlichen, bei Männern wie bei Frauen, die in kirchlichem Auftrag wirken.

An dieser Stelle muss man einhaken: Trotz der – an sich richtigen – Einsicht, dass der Glaube nichts ist, was man mechanisch einfordern und per Rechtsgehorsam erfüllen könnte, sondern etwas, das nur auf der Basis freier Einsicht und innerer Überzeugung wachsen kann, wird jedoch etwas Wesentliches ausgeblendet: Dass es nämlich für eine große Organisation wie die Kirche notwendig ist, über verbindliche, transparente und für alle nachvollziehbare Regeln zu verfügen, nach denen Verantwortungsträgerinnen und -träger dann handeln. Wo vor allem auf die »Moral«, also die rechte Absicht, den guten Willen hinter einem Handeln, geachtet wird und dessen formale Richtigkeit in den Hintergrund rückt, gibt es ein Problem. Die von diesem

Handeln Betroffenen haben keinerlei Möglichkeiten, sich von
der Angemessenheit und Richtigkeit solchen Handelns nachvollziehbar zu überzeugen, wenn es ihnen einmal nicht einleuchtet
oder sie selbst andere Wege bevorzugen würden. Anders formuliert: Wer mit seinen guten Absichten handelt und entscheidet,
muss letztlich auch keine Rechenschaft ablegen darüber, was er
oder sie tut – oder eben auch unterlässt.

Um hier kein Missverständnis aufkommen zu lassen: In einem wesentlichen Bereich kirchlichen Handelns hat ein solches
Vorgehen nach innerer Haltung, gutem Willen und subjektiver
Einschätzung seinen hohen Wert. Der gesamte Bereich des spirituellen Lebens und der seelsorglichen Begleitung bedürfen der
strikt subjektiven Einfühlsamkeit des begleitenden Seelsorgers.
Aber in der Kirche als einem religiösen Gemeinwesen, in dem
Zuständigkeiten, Befugnisse, Rollen und Funktionen voneinander zu unterscheiden sind, gibt es mehr als die persönlich-sub-
jektive Ebene von Seelsorge. Es braucht objektive Kriterien, an
denen sich Handeln festmacht, die nachvollzogen und auch
überprüft werden können.

Es ist die Frage nach einer Transparenz der Prinzipien und
Regeln, nach denen die Kirche »funktioniert«. In der katholi-
schen Tradition existiert durchaus ein Bewusstsein für diesen
Unterschied. Er wird dort als die Polarität von *forum internum*
und *forum externum* beschrieben. Zur Anwendung kommt diese
Differenz aber fast nur in einem Randbereich, nämlich bei der
Priesterausbildung und -begleitung. Wer in einer kirchlichen
Ausbildungsstätte spirituell begleitet wird, muss sichergehen
können, dass er sich den Begleitern dort wirklich anvertrauen
kann, ohne dass dies bei seiner Eignungsprüfung als angehender
Priester irgendwie gegen ihn verwendet wird.

Nur der gute Wille zählt?

Der besondere Fokus auf innere Einstellung, die rechte Absicht und eine Motivation aus dem gläubigen Herzen heraus sind, wie wir gesehen haben, bereits biblisch grundgelegt. Aber der Durchbruch auf der ganzen Breite des kollektiven Bewusstseins findet erst im Zuge der Reformation statt. Das individuelle Gewissen wird jetzt zur entscheidenden Instanz des Glaubenslebens. Die Gewissensprüfung muss bestehen, was als Maßstab auch zur Gestaltung der kirchlichen Gemeinschaft dienen soll. Die katholische Tradition hat auf diese protestantische Neuakzentuierung vielfältig reagiert, unter anderem mit einem neuen Interesse für die persönliche, individuelle Frömmigkeitspraxis. Ignatius von Loyola mit seinen Exerzitien ist ein wichtiger Zeuge dafür. Ihm kommt es darauf an, dass jeder Einzelne ein ganz eigenes, persönliches Gottesverhältnis unterhält und pflegt. In der Epoche der Aufklärung schließlich erlangte eine solche »Wende zum Subjekt« auch einen bis heute gültigen philosophischen Ausdruck – man denke etwa an das Postulat der sittlichen Selbstbestimmung, das Immanuel Kant in Gestalt seines »Kategorischen Imperativs« formulierte.

Dieses eigentlich recht moderne Privileg für die Individualität, die vom Grundverständnis und von der historischen Entwicklung des christlichen Glaubens her schlüssig ist, trifft nun auf die Kirche mit einer fundamental verschiedenen rechtlichen Matrix. Nicht die subjektive Instanz, also die Perspektive des Individuums zählen im Kirchenrecht, sondern der objektive Auftrag der kirchlichen Institution, das Seelenheil der Gläubigen sicherzustellen. Während in den protestantischen Traditionen die Orientierung des Glaubens am Gottesverhältnis jedes einzelnen gläubigen Menschen langfristig auch zu einem anderen, ansatzhaft demokratischen Kirchenverständnis geführt hat, leistet sich der Katholizismus bis heute eine paradox anmutende Zweigleisigkeit.

Auf der einen Seite werden die Gläubigen in Frömmigkeit, Spiritualität und Seelsorge radikal ernst genommen, auf der anderen Seite aber in einer Kirchenstruktur nach dem Bilde der absolutistischen Monarchie festgehalten, in der ein Einzelner nicht viel Gewicht hat. Mitgehen und Stehenbleiben, Vorwärts und Rückwärts, Entwicklung und Beharrung – das sind die widerstrebenden Momente, die der Katholizismus in sich vereint. Mancher Beobachter aus dem religionsfreudigen Feuilleton hat seinen Gefallen daran und erkennt genau darin die typisch katholische *complexio oppositorum*, das Zusammenexistieren von Gegensätzlichkeiten. Ich bin aber der Meinung, dass man damit einem wesentlichen Problem nur ausweicht, weil solche Beurteilungen von außen kommen und schlicht über die Lage der real Betroffenen hinwegsehen.

Der Kurzschluss, von dem die Rede war, entsteht genau zwischen diesen beiden Polen. Weil die offizielle Struktur der Kirche, ihr rechtlich gültiges und seit Jahrhunderten kaum weiterentwickeltes Funktionsregime, in unserer Zeit unangemessen und so wenig vorzeigbar ist, flüchten sich ihre Amtsträger nur zu gerne auf die andere Seite, die Ebene der Glaubenssubjektivität. Es ist sozusagen das menschlich-sympathische Antlitz der katholischen Tradition. Hier, im Bereich von Seelsorge und Spiritualität vermag man noch am ehesten die Sprache der Menschen zu sprechen und kann sie erreichen. Die andere, offizielle Facette der Kirche wird entweder verdrängt oder verschwiegen weiter praktiziert: die Tatsache, dass man Amtswalter einer undemokratischen, absolutistischen Institution ist, die nicht nach

den Maßstäben von Kontrolle, Kompetenz und Rechenschafts-
pflicht funktioniert.

Nicht wenige Priester und auch manche Bischöfe leiden an
dem Spagat, den sie da ausführen sollen. Ihnen wird eine Haltung abverlangt, die weit entfernt scheint von ihrer ursprünglichen Motivation, mit der sie das geweihte Amt einmal angestrebt
hatten – nämlich als höchst persönliche Nachfolge in den Spuren
Jesu. Nun sind sie mit Amtsmacht ausgestattet und von der Logik der Institution dazu angehalten, diese immer wieder auf eine
Weise zu praktizieren, die zwar dem undemokratisch-intranspa-
renten Charakter dieser Amtsmacht, aber nicht ihrer persönlichen Nachfolgemotivation entspricht. Eine solche Rolle fühlt
sich für den Amtsinhaber oft äußerst unbefriedigend an.

Für das Kirchenmitglied, das von solcher Machtausübung betroffen ist, ist es mehr als das. Man wird »verrechnet« zwischen
den ehrlichen Absichten und dem »guten Willen« von Kirchen-
oberen, Strukturverantwortlichen, Seelsorgeorganisatoren auf der
einen Seite – und einem Kirchenrecht, das für die Institution
denkt und dem die Position des religiösen Individuums innerlich
fremd bleibt, da es über Jahrhunderte hinweg alle Entwicklungen
in Theologie, Spiritualität und Seelsorge kaum mitvollzogen hat.

Auf unterer kirchlicher Ebene, etwa in den Pfarrgemeinden,
kann man die hier geschilderte Dichotomie oft noch kaschieren
oder umgehen. Vielfach drücken der eigene Bischof und sein Ge-
neralvikariat auch beide Augen zu, wenn auf lokaler Ebene Wege
praktiziert werden, die nach dem Kirchenrecht eigentlich gar
nicht existieren dürfen. Auf höherer Ebene aber geht das nicht,
spätestens der Bischof steht in der kirchenöffentlichen Rechtfer-
tigungspflicht, die nicht selten direkt vor den römischen Behörden erfolgen muss. Er lebt den Spagat und in der Regel tut er

dies unter einigen inneren Verbiegungen und Schmerzen. Zum kirchlichen Machiavellisten, der sich seiner Machtfülle durch die *sacra potestas* bewusst ist und fröhlich-frei »durchregiert«, taugen Gott sei Dank die wenigsten. Und das Ethos des Bischofsamtes verbietet das ja auch.

Dennoch, alle Beteuerungen der Bischöfe, etwa bei der Aufarbeitung des Missbrauchsskandals, im Umgang mit Homosexuellen, überhaupt in Fragen der Beziehungsethik sensibel zu sein für die Perspektive der Betroffenen, haben stets einen doppelten Boden. Dieselben Amtsträger bleiben, wenn es hart auf hart kommt, auf die Satzungen von Kirchenrecht und Weltkatechismus festgelegt, die sie mit großem Beharrungsvermögen zu einem oftmals gar nicht mehr sensiblen Handeln verpflichten. Die monarchische, für Transparenz und Kontrolle unzugängliche DNA der Kirche führt sowohl Amtsträger wie auch einfache Kirchenmitglieder in eine gespaltene, widersprüchliche Lage. Man wird in Situationen geführt, in denen man sich entscheiden muss zwischen formalen Anforderungen und inhaltlichen Überzeugungen, zwischen Geist und Gesetz, Form und Inhalt. Diese Entscheidung, wie auch immer sie ausfällt, produziert Verluste.

Was wir brauchen: guter Geist in guten Strukturen

Es braucht beides, Geist und Gesetz. Die Kirche ist als eine Gemeinschaft von Gläubigen eben auch ein großer Sozialkörper. Als solcher ist es ihr Auftrag, vom Wirken Gottes in dieser Welt Zeugnis abzulegen. Sie ist Gemeinschaft der von Gott Gerufenen und soll dies in konkretem Tun und Wirken sichtbar werden lassen. Als ein solcher Sozialkörper braucht sie beides – die rechte Gesinnung und einen »guten Willen« einerseits, aber eben auch Strukturen und Regeln, die ihrem Anliegen entsprechen, andererseits. Ist das der Fall, kann die Struktur zur Hilfestellung werden für die inhaltlichen Anliegen, um die es dem Glauben geht. Eine solche Entsprechung ist in der katholischen Kirche leider kaum gegeben. Die inhaltliche Auslegung der christlichen Botschaft hat sich im Laufe der Geschichte stets fortentwickelt. Dadurch wurden sowohl die kulturellen Kontexte, in denen das Christentum zu Hause war, befruchtet, aber ebenso empfing das Christentum wichtige Impulse von den großen Strömungen seiner Zeit. Manches Mal gab es dabei Zeitverschiebungen in die eine und die andere Richtung, aber jedes Mal ist das Christentum um ein Stück reicher und innovativer aus solchen Begegnungen mit Kultur und Gesellschaft hervorgegangen und vermochte seine Botschaft in einer neuen Sprache auszusagen.

Nur die Struktur der Kirche blieb von solchen Entwicklungsprozessen ausgenommen. Das gegenwärtige Kirchenrecht etabliert weiterhin jene hierarchisch strukturierte Gemeinschaftsordnung, die mehr oder weniger aus den kanonistischen Debatten in Spätantike und Mittelalter hervorging. So hat sich die heute anzutreffende institutionelle Schizophrenie herausgebildet, dass wir ein mit den Beschlüssen des II. Vatikanischen Konzils weit in die Moderne hineinreichendes Verständnis der Kirche und ihres Auftrags in Zeit und Geschichte haben, aber auf Strukturen verpflichtet sind, die scheinbar in Stein gemeißelt sind und die ihre Amtsträger zu allerlei Verrenkungen zwingen. Diese müssen versuchen, »Moral vor Recht« zu praktizieren, um wenigstens persönlich einigermaßen glaubwürdig zu bleiben. Andernfalls führen diese Strukturen dazu, dass sich Kirchenmitglieder befremdet und entsetzt von ihrer Kirche abwenden, wenn sie dann doch einmal die »dunkle Seite der Macht« zu spüren bekommen, nur weil Amtsträger geltendes Recht und Normen anwenden – indem sie zum Beispiel den nicht-katholischen Taufpaten ablehnen, dem evangelischen Ehepartner oder wiederverheiratet Geschiedenen die Kommunion verweigern oder allen Voten des Pfarreirates zum Trotz die Gottesdienstordnung umgestalten.

»Moral sticht Recht« – das ist in der Regel der einzige Ausweg aus einem historisch gewachsenen Dilemma. Natürlich ist es ein verkürzendes Schlagwort, aber es bringt einiges ins Wort, was für die verquere kirchliche Situation der Gegenwart typisch ist. In keiner anderen Organisation könnte man wohl mit dem Auseinanderklaffen von inhaltlichem Anspruch und rechtlich-normativer Struktur so lange leben, wie es in der Kirche der Fall ist. Auch hier lohnt der Vergleich mit der demokratischen Gesellschaft und dem Rechtsstaat. Niemals würden sich dessen Bürgerinnen und Bürger damit zufriedengeben, dass Politiker Themen wie Menschenrechte, Freiheit und Beteiligung ständig in den Mund nehmen und beteuern, sie wollten ihr Handeln danach ausrichten, die Strukturen des Gemeinwesens selbst aber undemokratisch, autoritär und feudal wären, es kein Wahlrecht gäbe und keine konkreten Möglichkeiten, politische Entscheidungen – etwa gerichtlich – anzufechten. Wer würde diesen Politikern Glauben schenken, selbst wenn einzelne von ihnen hier und da durch ihren persönlich ehrbaren Einsatz etwas Gutes erreichten?

Das träge Reagieren der Kirche im Missbrauchsskandal, aber auch die skandalös löchrige Kontrolle bischöflichen Amtsgebarens, etwa im Fall des ehemaligen Limburger Bischofs Tebartz-van Elst, haben in einer breiten Öffentlichkeit die Frage aufkommen lassen, worin dieses so befremdlich erscheinende Verhalten einer Institution wurzelt. Die Beharrungskräfte der römischen Kirche scheinen so groß, dass selbst die Wohlmeinenden unter ihren Bischöfen unsensibel werden für ihre problematische Rolle und den damit noch beschleunigten Glaubwürdigkeitsverlust der Kirche. Die Problematik ist nicht personell, sondern strukturell. Nicht an Bischöfen mit einem guten Herzen fehlt es, sondern an guten Strukturen.

Es ist ein seltsamer Spagat, den Kirchenführer heute bewerkstelligen müssen. Sie lenken eine Institution mit der Verfassung einer absolutistischen Monarchie, die ohne Gewaltenteilung und freiheitliches Recht auskommt. In ihr ist zwar von der gleichen Würde aller Menschen vor Gott die Rede, diese ist aber nicht – wie beim neuzeitlichen Verfassungsstaat – als Kriterium der gleichen Freiheit aller zum Rechtsmaßstab erhoben. Welch verhängnisvolle Inkonsequenz, wie nun dramatisch offenbar wird. Und dann haben es dieselben Kirchenführer mit Kirchenmitgliedern zu tun, die wie sie selbst in der Welt von heute stehen. Es ist wahrlich keine perfekte Welt, aber eine Welt, in der Demokratie, gleiche Rechte auf Teilhabe und Mitgestaltung und das Kompetenzprinzip zu hohen Werten geworden sind, und das nicht erst seit gestern.

Nur auf den ersten Blick ist der Algorithmus »Moral sticht Recht« die richtige Maxime. Denn sie ist immer nur situativ hilfreich und ermöglicht keine nachhaltigen Lösungen. Langfristig ist sie ungeeignet, ja sogar gefährlich für die Kirche. Ihren Platz hat sie im Innenbereich des Glaubens, in Spiritualität, Seelsorge und Frömmigkeit. Sobald eine Frage die soziale Gemeinschaft – und sei es die religiöse – betrifft, braucht es das Recht. Und das Recht hat dann sogar moralischen Wert, es hilft dabei, Gemeinschaft zu bilden und diese Gemeinschaft zu integrieren. Mit einem »guten Willen« oder einem »frommen Herzen« allein ist keine Kirche zu machen.

Um diesen Zusammenhang von Moral und Recht, von Gesetz und Gnade in einem allgemeinverständlichen Bild auszudrücken: Was wäre ein Fußballspiel, in dem es nicht ganz klare Regeln dafür gäbe, was erlaubt ist und was nicht, wie lange das Spiel dauert, wann ein Spielzug im Abseits endet und wofür es die gelbe oder rote Karte gibt? Alle, die darum fürchten, hier werde das Amt in der Kirche für überflüssig erklärt, seien beruhigt. Auch ein Fußballspiel braucht einen Schiedsrichter. Aber ohne feste, von allen vor dem Spiel akzeptierte Regeln wird dieser Schiedsrichter nicht erfolgreich sein können. Um im Bilde zu bleiben: In der Kirche gibt es zwar Regeln und auch viele Schiedsrichter. Aber die Spieler müssen bei jedem Spiel von neuem darauf hoffen, dass sie einen Schiedsrichter bekommen, der die Regeln gut und gerecht anwendet und im Zweifelsfall auch einmal beide Augen zudrückt ...

3.
Absolutismus heilt sich nicht von selbst

In der Kirche hat sich eine Haltung etabliert, die man auf den Nenner bringen könnte: Es kommt allein auf den richtigen Inhalt an, auf die richtigen Positionen. Auf das »Was«, nicht auf das »Wie«. Das Recht gilt als etwas Sekundäres. Es ist eben ein mehr oder weniger lästiges Instrument, das uns die Kirchengeschichte beschert hat und mit dem wir leben müssen. Am besten macht man nicht so viel Wind darum. Und im pastoralen Alltag lässt es sich auch gut ignorieren …

Diese Haltung macht das Recht in der Kirche zu einer unbedeutenden Größe, die ihm in doppelter Hinsicht nicht gerecht wird. Einmal verhindert es zu sehen, dass das existierende Kirchenrecht einen stillen, aber kompromisslosen Einfluss ausübt. Es definiert mit schneidender Klarheit oben und unten, Klerus und Laien, Herrschaft und Gefolgschaft. Die Bedeutung des Kirchenrechts zu verkennen, liegt aber auch deshalb daneben, weil man damit eine wichtige Handlungsebene preisgibt. Wenn es gelingt, das Recht zum authentischen Ausdruck einer in der Gegenwart angekommenen Theologie fortzuentwickeln, kann es zum Motor für eine dynamische und veränderungsbereite Kirche werden.

Heute aber müssen wir eine ganz andere Lage realisieren. Zum kirchlichen Recht haben die meisten Kirchenmitglieder kein wirklich gutes Verhältnis. Und das Recht selbst macht es ihnen auch nicht leicht. Als »genetischen Code« trägt es nicht die Freiheit des Christenmenschen in sich, sondern den Gedanken der institutionell zu garantierenden Heilssicherheit. Ein solches Kirchenrecht kann gar nicht die Rolle einnehmen, die ein freiheitliches Recht in der Demokratie innehat. So kommt es anderen Instanzen zu, Spuren der Orientierung zu legen und Normen zu markieren, denen die religiöse Gemeinschaft folgen soll. Im Katholizismus ist dies die immer wieder bemühte »Tradition«.

Tradition: die atheistische Versuchung

Traditionen zu pflegen und aus lange tradierten Praktiken und Verstehensweisen auch eine gewisse Orientierung für Gegenwart und Zukunft zu gewinnen, ist etwas Wertvolles. Wo sich im Denken, Verstehen und Handeln manche Dinge lange Zeit hindurch erhalten, gibt dies Auskunft darüber, dass diese Überzeugungen etwas Gutes und Richtiges enthalten. Es ist berechtigt, dass eine gegenwärtige Generation solche Tradition verbindlich miteinbezieht, um ihre eigenen Standpunkte zu entwickeln. Tradition ist aber nicht etwas aus sich heraus Gerechtfertigtes. Sie muss je neu erschlossen und interpretiert werden, sonst wird sie zum autoritären Instrument, das dazu dient, ganz bestimmte Interessen durchzusetzen. Wer auf diese Weise mit der »Tradition« argumentiert, erweist ihr einen Bärendienst und zerstört die Bereitschaft von Menschen, sich auf Erfahrungen der Vergangenheit einzulassen und davon lernen zu wollen.

Spielt das Recht keine wichtige Rolle, steigt also der Stellenwert solcher Tradition, häufig allerdings in der trivialisierten Form des lediglich Gewohnten und einer herrschenden Praxis. Für die Ausgestaltung des kirchlichen Gemeinwesens erlangen Positionen plötzlich einen Stellenwert, der ihnen der Sache nach gar nicht zukommt. Während rechtliche Regeln immerhin den Vorteil haben, als gesetztes Recht schwarz auf weiß niedergeschrieben und damit einsehbar zu sein, ist es mit der Tradition viel schwammiger. Was hier gilt und für verbindlich erklärt werden kann, obliegt einem manchmal elitären Interpretationsprozess, der von vielen Zufällen abhängig ist. In der katholischen Kirche kommt nun ein höchst problematischer Faktor für solche Traditionsbildungsprozesse hinzu. Da die Kirche in der Form einer absolutistischen Monarchie verfasst ist, gibt es kein verbindlich wirksames System von *checks and balances*, also Kontrollinstanzen, welche die kirchliche Herrschaftsausübung, die sich auf Argumente der Tradition beruft, begrenzen könnte.

Welche Traditionslinie nun zur Geltung kommt und welche nicht, ist nicht rational gesteuert, sondern oftmals Spiegel recht profaner und gar nicht sehr christlicher kultureller Kontexte, die auch auf die Kirche ihre Wirkung entfalten. So wurde aus der frühkirchlichen Apostolin Junia in den Bibelübersetzungen des Mittelalters mal eben ein männlicher Junias, weil man sich anderes schlicht nicht vorstellen konnte oder wollte. Oder, um in den Kern unserer Frage zu zielen: Müssten wir heute eine monarchisch-absolutistische Kirchenverfassung erdulden, hätte es zur Zeit Jesu bereits wirkliche Demokratien und die Idee einer per Recht garantierten gleichen Freiheit aller Mitglieder eines Gemeinwesens gegeben?

Eine mangelnde Rechtskultur, falsche Pfade für das existierende Recht, eine sich in den Vordergrund spielende Tradition als allzeit parate Legitimierungsinstanz – es scheint, als ob es in der Kirche kaum Selbstheilungskräfte gebe, die das System von innen heraus reformieren könnten. Wenn es um die Erneuerung der Kirche geht, ist meist schnell vom Heiligen Geist die Rede, der auch in der Kirche wirke und dem man eben vertrauen solle. Genau solche Redeweisen helfen aber oft dabei, sehr konkrete Interessenlagen unter einer theologisch klingenden Rhetorik zu verbergen und eine viel näherliegende Aufgabe beiseitezuschieben.

Wer auf die katholische Kirche mit der nüchternen Brille der Sozialtheorie blickt, wird rasch erkennen, dass allein schon ihre Organisationsstruktur einer wirksamen Erneuerung enge Grenzen setzt. Die Verfassungsform einer absolutistischen Monarchie ist vorherbestimmend. Denn damit wird vorgespurt, wie die eigentlich handelnden Akteure der Kirche, die Gläubigen, überhaupt einander zugeordnet sind. Handlungsrollen und Handlungsweisen sind mit der Verfassungsform auf ganz bestimmte Muster fixiert. Auch das Zueinander dieser Rollen und Funktionen wird in einer bestimmten Weise festgelegt. Wie und ob die Organisation als eine geschichtliche Größe Wirkung entfalten kann, wird auf diese Weise definiert. Mir stellt sich die Frage, ob es in der Kirche nicht viel zu wenig Bewusstsein für solche Zusammenhänge gibt – beim Kirchenvolk wie bei den Leitungsverantwortlichen.

Eine solche Perspektive ist alles andere als trivial oder gar untheologisch, wie manch einer einwenden wird. Im Gegenteil, sie ist gestützt durch einen theologischen Gedanken. Wenn die Kirche das Haus Gottes unter den Menschen sein soll, der Ort der zur Nachfolge Gerufenen, dann steht sie mitten in Zeit und Geschichte. Sie ist ja überhaupt nur dafür da, um in dieser konkret vorfindlichen Welt das zu realisieren, was Menschen als den Ruf Gottes erfahren – beispielhaft bezeugt in den biblischen Texten und Erzählungen. Die Kirche hat natürlich den Anspruch, diese Welt zu gestalten und zu prägen. Aber als eine geschichtliche Größe, die sie selbst ist, unterliegt sie auch den Einflüssen ihrer Zeit und Gesellschaft. Dies nicht sehen zu wollen, wäre frömmelnde Naivität.

Da die Kirche nun selbst in der Geschichte steht und teilhat an historischen und gesellschaftlichen Entwicklungen, taucht eine zentrale Frage auf: Wie können Veränderungsprozesse in ihr stattfinden? Es geht um Veränderungen, denen sie allein schon deswegen ausgesetzt ist, weil sie selbst in der Welt steht. Und darüber hinaus: Wie gelingt es der Kirche, auf eine Weise mit der Zeit zu gehen, dass sie in dieser Zeit auch wahrgenommen wird und Wirkung entfaltet? Denn das ist ja ihr Auftrag, vom Ruf Gottes in ihrer jeweiligen Gegenwart Zeugnis zu geben. Damit ist deutlich: Die Kirche unterliegt ihrerseits dem sozialen Wandel und muss ihm unterliegen. Sie würde sich verraten, würde sie diesen Wandel blockieren und ihre Gestalt auf eine zu einem bestimmten Zeitpunkt in der Geschichte gewonnene Form einfrieren.

In der aktuellen Form scheint es so, als hätte die katholische Kirche eine im 19. Jahrhundert vorherrschende Interpretation der mittelalterlichen Theologie zu ihrem normativen Leitbild erkoren und käme jetzt nicht mehr davon los. Nicht im Versuch, wie Kardinal Müller meint, gegenwärtige Herausforderungen zu erkennen und die Kirche daraufhin anzupassen, liegt der innerkirchliche Atheismus, sondern in der typisch modernistischen Art und Weise, einen ganz bestimmten Ausschnitt der Kirchengeschichte zum alleinigen Maßstab für die Rechtgläubigkeit heranzuziehen – ob das nun bewusst oder unbewusst geschieht. Wahrhaft theologisch ist das nicht. Denn die Kirche bleibt sich selbst nur dann treu, wenn sie mit der Zeit geht, für die sie Kirche sein will. Damit dieses Ideal von der *ecclesia semper reformanda*, der allzeit reformbedürftigen Kirche, aber keine leere Formel wird, braucht es Methoden und Prozeduren, wie dieses »Mitgehen mit der Zeit« vonstatten gehen kann. Und bei eben dieser Frage wird es heikel. Welche Möglichkeiten existieren für eine absolutistische Monarchie, dass diese Gemeinschaft sich mit ihrer Zeit entwickelt, um genau darin sich selbst treu bleiben zu können?

Mehr Revolution wagen!

Hierfür lohnt wiederum ein Blick auf das demokratische Gemeinwesen. Es gibt historische Erfahrungen mit dem durchaus komplizierten Unterfangen, den Reformwillen von Bürgerinnen und Bürgern, sozialen Wandel und neue Geltungsansprüche in politisch-gesellschaftliche Wirklichkeit umzumünzen. Für den nachhaltigen strukturellen Wandel eines sozialen Systems während eines überschaubaren Zeitraums benutzt man in der Regel einen bestimmten Begriff, nämlich den der Revolution.

Im deutschsprachigen Kontext macht dieser Begriff vielen Menschen erst einmal Angst und auch im kirchlichen Umfeld meidet man ihn tunlichst. Zu sehr haftet ihm der Beigeschmack einer illegitimen Selbstermächtigung mit unabsehbaren negativen Folgen an. »Revolution« meint von der sprachlichen Wurzel her zunächst einmal »Umwälzung« oder »Zurückdrehen«. Damit kommt zum Ausdruck, dass ein Zustand erreicht werden soll, mit dem man sich wieder einem Sollwert oder einem Ideal annähert, das offenbar verloren gegangen ist. Politische Revolutionen sind vor allem dadurch motiviert, dass sich an der sozialen Basis einer Gesellschaft ein Veränderungswille und der Bedarf nach Repräsentation nicht berücksichtigter Interessen Bahn bricht. Es ist der Wille, diese verdrängte Realität auch in den formalen Strukturen und den öffentlich sichtbaren Instanzen des Staates sichtbar zu machen.

Wenn man dies auf die Kirche überträgt, ergeben sich einige interessante Parallelen. Auch hier ist es eine Frage, wie sehr sich das Kirchenvolk in den Strukturen der Kirche »wiederfindet«. Dass es diese Entsprechung zwischen repräsentierter Basis und repräsentierender Struktur gibt, ist wichtig, damit diese Strukturen der Kirche ihre gliedernde Aufgabe auch erfüllen können. In der klassischen vorkonziliaren Theologie war das Modell dieser Zuordnung dasjenige von der »hörenden« und der »lehrenden« Kirche. Dort stand dem lehrenden Klerus die lernend-hörende Laienschaft gegenüber. Ein solches Modell ist heute überholt. Kirchenmitglieder, die sich ihrer geschöpflichen Würde als Menschen und ihrer theologischen Würde als Getaufte bewusst sind, wollen und müssen nicht belehrt werden. Sie haben den berechtigten Anspruch, selbst Teilhaberinnen und Teilhaber, eben Mitgestaltende dieser ihrer Kirche zu sein. In der Struktur einer absolutistischen Monarchie aber finden sie sich mit diesem Selbstverständnis nicht mehr wieder. Der Gedanke der Revolution läge also auch kirchlich nahe.

Dass es nicht so leicht dazu kommt, hat viele Gründe. Ein wesentlicher liegt wohl darin, dass über viele Jahrhunderte hinweg ein autoritär-obrigkeitliches Kirchenbild seine Spuren im kollektiven Bewusstsein des Kirchenvolks hinterlassen hat. Gegen Kirchenobere und die Verhältnisse in der Kirche protestiert man nicht, denn diese sind gottgegeben – so lautet wohl die allen Widerspruch einschüchternde Selbstdisziplinierung vieler Menschen in der Kirche.

Nun muss man unterscheiden. Es gibt solche und solche Revolutionen. Die einen praktizieren einen harten Bruch, sie sind gewalttätig und getrieben von Hass und Zerstörung. Alles Vorfindliche gilt ihnen als zu überwindende Rückständigkeit. Die bürgerlichen Revolutionen Europas und Nordamerikas waren so gestrickt. Vor allem wird man an die *terreurs* der Französischen Revolution denken, die im Bewusstsein bürgerlicher Kreise bis heute diejenigen Anliegen der Revolution überdecken, die wir im Rückblick als legitim bewerten würden – etwa die Überwindung einer ständisch-feudalen Ordnung und den Protest gegen soziale Verelendung. Aber es gibt auch jene »weichen« Umbrüche wie den der friedlichen Revolution in Mittel- und Osteuropa in den Jahren um 1989/90. Durch gewaltlose Demonstrationen und zivilen Ungehorsam wurden wankende Herrschaftssysteme zum Einsturz und Demokratien auf den Weg gebracht.

Revolutionen nach dem Muster des harten Bruchs sind fast immer von verheerenden Exzessen der Gewalt begleitet. Dass es zu »weichen Brüchen« kommt, hat wiederum einige Voraussetzungen. Die Regime des Ostblocks stürzten nicht von heute auf morgen ein. Wesentlicher Faktor war die bereits in den frühen 1970er-Jahren aufgegleiste Entspannungspolitik und der Annäherungsprozess zwischen Ost und West, der mit der Konferenz für Sicherheit und Zusammenarbeit in Europa 1975 in Helsinki einen sichtbaren Höhepunkt fand. Es entstand so etwas wie eine europäische Öffentlichkeit, in deren Schutz das zunächst zaghafte Wirken der »Dissidenten« in den osteuropäischen Regimen allmählich breitere Kreise ziehen konnte.

Innen und außen wirkten hier ineinander. Westliche Regierungen standen dem Sowjetregime als *peers* – auf gleicher Ebene und Augenhöhe – gegenüber und gaben das Signal: »Was bei Euch im Innern geschieht, das interessiert uns! Wir verstehen uns als Anwälte Eurer Dissidenten.« Nur durch diesen Druck konnte das Regime zu Zugeständnissen gezwungen und veranlasst werden, die Tür zur Artikulation des Protestes ein Stück weiter zu öffnen. Die dadurch ausgelöste Dynamik wiederum konnte nur von innen kommen und nicht von außen gesteuert werden. Es entstand in langsamen kleinen Schritten eine Szene gesellschaftlichen Widerstands, die schließlich Ende der 1980er-Jahre zum breiten Protest führte. Glasnost und Perestroika sind dann nicht Auslöser, sondern die zwar notwendigen, aber nur mit dem geschilderten Vorlauf erklärlichen Momente einer schon länger stattfindenden Systemveränderung.

Kann der Blick auf solche politischen Veränderungsprozesse auch in der Kirche weiterhelfen? Braucht es für sie ebenfalls Impulse von außen, damit die für den Wandel offenen Kräfte im Innern bestärkt werden? Wer wären solche Impulsgeber von außen?

Um der zu erwartenden Empörung direkt den Wind aus den Segeln zu nehmen: Natürlich bin ich nicht der Meinung, man könne das Regime der Sowjetunion mit der Leitungsstruktur der katholischen Kirche direkt vergleichen. Der wichtigste Unterschied besteht in der Botschaft, für die beide Sozialkörper stehen. Während das Sowjetregime einer Ideologie huldigte und deshalb von vornherein zum Scheitern verurteilt war, halte ich die biblisch bezeugte Botschaft des christlichen Glaubens nicht für eine

Ideologie. Im Gegenteil – sie kann bei rechtem Gebrauch eine Wahrnehmungshilfe zur Erkenntnis des Richtigen und Wirklichen sein und damit Ideologien enthüllen. In einem anderen Punkt aber lohnt es, einen gemeinsamen Blick auf die Kirche und politische Regime zu werfen. Beide haben das Ziel, auf der Basis einer für gültig geglaubten Weltanschauung ein Gemeinwesen zu formen, das von dieser Lehre zeugt.

Ob man nun auf die bürgerlichen Revolutionen des 18. Jahrhunderts blickt oder die friedlichen Systemwechsel am Ende des 20. Jahrhunderts, in beiden Fällen bestand das Ziel der Proteste darin, in der politischen Form des Gemeinwesens das abzubilden, was die soziale Basis des Gemeinwesens bereits durchzieht und prägt. Beides lässt sich bei den erwähnten Veränderungsprozessen nicht voneinander trennen. Ohne die Bewegung an der Basis, die einen Reform- und Veränderungswillen artikuliert und diesen bereits anfanghaft und antizipatorisch praktiziert, geht es nicht. Aber irgendwann muss sich dieser Anfang auch in der politischen Form umsetzen und darin abbilden. Ist dies geschehen, unterstützt die neue Form idealerweise die gesellschaftlichen Äußerungen und bietet geordnete Bahnen dafür an.

Im Raum des Politischen kann die Demokratie als eine solche Form gelten. Sie beruht zwar auf bestimmten Werten wie der Menschenwürde und den grundlegenden Menschenrechten. Ihr vornehmer Auftrag aber ist es, sich als politische Form den vielfältigen Stimmen der Gesellschaft anzubieten und den Rahmen dafür abzugeben, dass diese Stimmen in einer friedlichen und möglichst konstruktiven Weise miteinander existieren und um die beste Lösung in Sachfragen streiten können. Man könnte die Demokratie deshalb auch als eine »institutionalisierte Revolution« bezeichnen. Wer mit der politischen Richtung nicht einverstanden ist, dem stehen politische Alternativen zur Verfügung. Genügt dies nicht, kann man selbst Parteien gründen und auf diese Weise für politische Anliegen kämpfen. Man kann die Regierung abwählen und ersetzen oder ihre Entscheidungen gerichtlich überprüfen lassen. Anders als es die Rechtspopulisten glauben machen, ist eine Revolution hier nicht mehr nötig.

Der Rechtsweg ist ausgeschlossen!

Das Drama der Kirche besteht nun darin, dass es für Reform, Protest und Erneuerung keine verlässlichen Strukturen und Verfahren gibt, wie dies im Bereich des Politischen mit der Demokratie der Fall ist. Wer etwas verändern und umgestalten möchte, wer mit den etablierten Strukturen oder mit der konkret praktizierten Pastoral und Seelsorge unzufrieden ist, der findet keinerlei institutionelles Angebot, das ihm oder ihr auf diesem Weg helfen würde. Die Verfassungsform der absolutistischen Monarchie kennt schlicht und ergreifend keine Kultur der Mitgliederpartizipation, auf welche diese Mitglieder als »Teilhaber« auch ein Recht hätten. Der »Rechtsweg« ist hier von vornherein ausgeschlossen – weil es ihn gar nicht gibt. Wahlen und Bürgerentscheide zur Mitbestimmung an den alle betreffenden Angelegenheiten sind nicht vorgesehen.

Als soziale Institution ist die Kirche durch eine Kultur des hierarchischen Zentralismus geprägt. Sie ist Bischofskirche, und das heißt ausgerichtet auf eine Einzelperson, den Bischof, der die jeweilige diözesane Ortskirche leitet. Von der althergebrachten Idee her ist er in seiner Person erster Beter, erster Hirte, erster Lehrer »seiner« Kirche. Liturgie, Seelsorge, Verkündigung – für alle

Bereiche des kirchlichen Lebens ist er der Monarch, der allein Maßgebende. In ihm verkörpert sich die »heilige Amtsgewalt«, die er als Nachfolger der Apostel per Weihe übertragen bekommen hat. Kritik, Kontrolle, die Rechtsunterworfenheit des Souveräns, sozusagen der Goldstandard für das demokratische Amts- und Herrschaftsverständnis, gehören nicht zu seinem Amtskleid.

Hinzu kommt etwas anderes. Über Jahrhunderte hinweg konnte sich in der Kirche die Kultur einer ständisch-höfischen Gesellschaft etablieren, weil vor allem mittelalterliches Hofzeremoniell und die ständegesellschaftlichen Gepflogenheiten im Umgang mit »Untergebenen« einen dominanten Einfluss auf sie ausübte. Vieles davon wurde in der Kirche übernommen und hat sich festgesetzt. Irgendwann verschwamm das Bewusstsein dafür, was zeitbedingter Import von eigentlich glaubensfremder Folklore ist und worin sich kirchliche Identität wirklich ausdrückt. Jedenfalls hat diese vordemokratische Prägung der katholischen Kirche in ihr eine Mentalität hinterlassen, die aus Kirchenmitgliedern obrigkeitsorientierte Befehlsempfänger werden ließ. Weniger der Mut zur Eigenverantwortung und kreativer Geist wurden durch diese Kultur gefördert als vielmehr eine Haltung der ständigen Vorsicht gegenüber der vermeintlichen Autorität.

Kirchenmitglieder trauen sich häufig nicht, ihre Ideen und ihre Positionen vorbehaltlos und mit Energie und Fantasie in die kirchliche Gemeinschaft einzubringen, weil es dort nicht wie in der demokratischen Gesellschaft einen offenen Raum der gemeinsamen Gestaltung und Verantwortung gibt. Dieser Raum steht immer schon unter dem Schatten der vom Klerus besetzten amtlichen Autorität. Und wenn sich mancher Bischof heute eine ganz andere, spontanere und dynamische Haltung seiner Gemeinden wünscht, darf er diese Historie nicht vergessen. Sie hat Mentalitäten und Haltungen geprägt, die sich nicht von heute auf morgen ändern lassen, zumal solange die institutionelle Struktur unverändert fortexistiert. Ich habe selbst verblüffend-ernüchternde Begebenheiten erlebt: der Politiker in herausgehobener Position, ohne Mangel an Selbstbewusstsein und Gestaltungswillen, der im direkten Kontakt mit einem Bischof plötzlich zum devoten Schäfchen mutiert, ganz frei von kritischem Geist; oder die katholische Aktivistin, scharf und ätzend in ihrem zivilgesellschaftlichen Engagement, die innerkirchlich jene gläserne Decke, an die sie stößt, scheinbar unhinterfragt akzeptiert.

Solche Beispiele sind nur Momente einer Gesamtlage. Sie sind der bis in den Habitus des katholischen Kirchenmitglieds hinein spürbare Effekt einer lähmenden Gesamtsituation. Diese lässt sich mit einem Satz auf den Punkt bringen: Die Zuordnung zwischen der kirchlichen Institution und ihren Mitgliedern ist schwer gestört. Der Rahmen, innerhalb dessen katholisch-kirchliches Leben stattfindet, schnürt einem produktiven Wachstum und der kreativen Entwicklung der Kirche die Luft ab. Viele Christinnen und Christen, denen an ihrer Kirche gelegen ist und die ihren Glauben in ihr und durch sie leben wollen, sehen sich in der Sackgasse. Sie erkennen sich als Zeitgenossen einer im Wandel begriffenen Welt in ihrer Kirche immer weniger wieder.

Der Wunsch, die eigene Kirche mitzuprägen und mitzugestalten, wird von den kirchlichen Strukturen nicht aufgegriffen und immer wieder aktiv totgetreten. Gläubige laufen regelrecht »ins Leere«, wenn sie mit Vorschlägen und Ideen kommen, die sich nicht ins traditionell für möglich Gehaltene einfügen lassen. Manche von ihnen haben das Glück, in ihrer Ortsgemeinde auf einen dialogbereiten und aufgeschlossenen Pfarrer zu treffen. Aber wie zerbrechlich ist dieses Glück, wenn sich beim nächsten Stellenwechsel, bei dem die Gemeindemitglieder noch nicht einmal mitwirken dürfen und stattdessen die auf höherer Ebene vorgenommene Personalentscheidung hinzunehmen haben, das Blatt wieder wendet und ihnen der schneidige Jungpriester mit hierarchischem Kirchenverständnis vorgesetzt wird?

Mit dem II. Vatikanischen Konzil (1962–65) wurde eine Theologie formuliert, die viele für zeitgemäß gehalten haben. Es ist die Rede von einer Gemeinschaft, die sich als pilgernde »Kirche auf dem Weg« begreift, eine Kirche, welche »Freude und Hoffnung, Trauer und Angst der Menschen von heute« als ihre eigenen Anliegen betrachtet. So wurde es direkt zu Beginn der Konstitution *Gaudium et spes* festgehalten, einem Text des Konzils, dem es um die »Kirche in der Welt von heute« geht. Für ein solches Kirchenverständnis fehlt aber eine korrespondierende Form, welche die thematischen Ansprüche unterstützen könnte und glaubhaft werden ließe. Viele Kirchenmitglieder laufen mit ihrem Engagement deshalb ins Leere und werden frustriert. Diese Menschen und Gruppen stehen dann als Nestbeschmutzer da – in der Demokratie wären ihre Beiträge als wertvolle Elemente einer kontroversen zivilgesellschaftlichen Debatte geschätzt. In einer Institution aber, deren Strukturen für sakrosankt erklärt werden, gelten diese Gruppen schnell als Unruhestifter und Störenfriede.

Man kann das daran beobachten, wie von kirchenamtlicher Seite lange Zeit mit Reformbewegungen wie der »Initiative Kirche von unten« oder der Bewegung »Wir sind Kirche« umgegangen wurde. Da ein wirklich vielstimmiger Pluralismus innerhalb der Kirche ihrem Selbstverständnis nach nicht vorgesehen ist, fehlen die Register und Ressourcen, konstruktiv und integrativ mit solchen Gruppen umzugehen. Bischöfe müssen sich »überwinden«, einiges »überhören« und viel »guten Willen« zeigen, um den Dialog mit den Reformgruppen dennoch nicht abbrechen zu lassen – schließlich handelt es sich um Katholikinnen und Katholiken und man kann sie nicht vollständig ignorieren ...

Was wir brauchen: eine Kirche, die lernt und endlich handelt

In den vergangenen Jahren hat der Soziologe Hartmut Rosa mit seinem Buch *Resonanz* ein großes Echo ausgelöst. Er fragt danach, wo und wie Menschen in unseren heutigen Lebenswelten noch die Erfahrung der »Selbstwirksamkeit« machen können. Sind die Verhältnisse unserer Welt so gestaltet, dass Menschen spüren: Ich komme mit dem, was ich bin, kann und mag, darin auch wirklich vor und kann mich auf diese Weise selbst als »wirksam« erleben? Erst in einer solchen Erfahrung nämlich kann man das eigene Sein und Tun als bedeutungsvoll erleben. Und nur wo Menschen in ihren Lebenskontexten einen tieferen Sinnzusammenhang entziffern können, sind sie zu Engagement und der Übernahme von Verantwortung bereit.

Bezogen auf die Kirche lautet vor dem Hintergrund dieses Gedankens die entscheidende Frage: Mit welcher Hoffnung, mit welcher Erwartung auf Selbstwirksamkeit darf man sich in der Kirche engagieren? Was darf man von seinem eigenen Engagement erwarten? Verhallt es in den Kulissen einer altehrwürdigen Institution oder gibt es die realistische Chance, aufgegriffen, diskutiert, im Zuge der Diskussion vielleicht angereichert und variiert, und schließlich – zumindest partiell – umgesetzt zu werden? Die Antwort fällt ernüchternd aus. Wieder lohnt hier der Blick auf Staat und Gesellschaft.

Wer sich als Bürgerin oder Bürger für bestimmte Anliegen einsetzt oder sogar den Sinn bestimmter Verfahrensweisen und Strukturen infrage stellt, kann sich vielfältig engagieren, als Mitglied von Bürgerinitiativen und Verbänden, die bei Gesetzesvorhaben in den entsprechenden Ausschüssen des Parlamentes gehört werden, ganz unmittelbar über die politischen Parteien, die um die Mandate in den Parlamenten konkurrieren, oder aber über die politische Öffentlichkeit, indem man sich per Leserbrief oder direkt als Autorin oder Autor zu Wort meldet und die politische Auseinandersetzung mit möglichst guten Argumenten beeinflusst. Und zuallererst gibt es natürlich das allgemeine und gleiche Wahlrecht, mit dem allen Bürgerinnen und Bürgern das Recht zusteht, in regelmäßigen Abständen darüber zu entscheiden, wie sie regiert werden möchten.

Solche oder auch andere verbindlich zugesagte Möglichkeiten einer Partizipation nach dem Maßstab von Freiheit und Gleichheit gibt es in der Kirche nicht. Eingeladen durch den Aufbruch, den das letzte Konzil darstellte, haben sich in der Folge viele Christinnen und Christen für die Gestaltung ihrer Kirche aufgemacht und waren bereit, Verantwortung zu übernehmen. Diese Bereitschaft wurde zwar rhetorisch immer wieder eingefordert. Sie musste aber mangels »aufnehmender« Strukturen und Instrumente der Umsetzung brutal enttäuscht werden. Wer sich hingegen in einer der sogenannten »neuen sozialen Bewegungen« engagierte, die seit den 1960er-Jahren Themen wie Umweltschutz, Gleichberechtigung, Frieden oder weltweite Gerechtigkeit auf die politische Tagesordnung setzten, machte gänzlich andere Erfahrungen. Er oder sie konnte erleben, wie die Werte, für die man stritt, binnen weniger Generationen das Gemeinwesen konkret geprägt haben! Gesetze wurden im Sinne dieser Anliegen geändert und politische Parteien gegründet. Man durfte miterleben, wie das eigene Engagement Wirkung entfaltete. Man konnte die allen gemeinsame Lebenswelt konkret mitgestalten.

Wo solche Möglichkeiten nicht gegeben sind, ist das nicht nur frustrierend, es birgt auch eine Gefahr. Immerzu Vorschläge zu unterbreiten und Wünsche anzumelden, die niemals umgesetzt werden und an deren Umsetzung man als sogenannter Laie auch kaum beteiligt sein wird, macht solches Reden zu einer letztlich unverbindlichen Träumerei. Und da man ohnehin niemals selbst die mögliche Umsetzung der eigenen Vorschläge verantworten muss, holen die »Forderungen« immer weiter aus. Irgendwann ist es dann ein Leichtes für die aktuellen Amtsinhaber, den Reformern Naivität und Vermessenheit vorzuhalten.

Nicht nur wird auf diese Weise das an sich notwendige Engagement kritischer Kirchenmitglieder marginalisiert und enttäuscht. Auch theologisch ist ein solcher Mechanismus verhängnisvoll. Denn das christliche Glaubensverständnis geht von Gläubigen aus, die als Einzelne eine Verantwortung auch für das Gesamt der Glaubensgemeinschaft tragen. Der Glaube ist ja nicht einfach eine Privatangelegenheit zur Sicherung des eigenen Seelenheiles. Er ist nicht ohne die anderen möglich. Man glaubt nicht für sich alleine, sondern steht im Verbund mit den Mitgläubigen. Dass man sich für die Belange der Kirche als Glaubensgemeinschaft einsetzt, ist also ein sogar notwendiges Element der Glaubenspraxis.

Wie kann die Kirche als Organisation lernen? Kann sie es überhaupt? Ich bin bei dieser Frage jedenfalls erst dann optimistisch, wenn es der Kirche gelingt, ihre Verfassung nach dem Prinzip der gleichen Würde aller Getauften umzugestalten. Denn das würde heißen, allen Getauften einen gleichwertigen Ort der Teilhabe und der Mitgestaltung zu garantieren. Damit wäre die Chance gegeben, dass die Kirche von den vielfältigen Talenten, Charismen und Potenzialen ihrer Mitglieder lebt und immer wieder verlebendigt wird. Hiervon sind wir aber momentan sehr weit entfernt und deshalb gibt es auch so viel aufgestaute Enttäuschung über immer wieder versuchte und immer wieder gescheiterte Erneuerung.

Ich verstehe jeden, der darüber frustriert ist. Nicht umsonst setzen so viele ihre Hoffnung auf den Papst. Aber was ist das für ein absolutistisches Modell von Veränderung? Ein starker Mann an der Spitze muss es jetzt richten, alle Erwartungen werden in ihn gelegt. Wehe, wenn der scheitert oder dann doch anders agiert als erhofft. Wie ernüchternd, dass man als katholisches Kirchenmitglied dem »Putsch von oben« am meisten Erfolgsaussichten einräumt, nicht dem sozialen Handeln an der Basis. Selbstheilungskräfte im Absolutismus? Fehlanzeige.

4.
Die Kirchenkrise auf den Punkt gebracht: Ihr kommt hier nicht rein!

Bis hierher standen sehr grundsätzliche Überlegungen zur Lage der Kirche im Mittelpunkt. Manchem mögen die Beobachtungen zur monarchischen Verfassungsform abstrakt erscheinen. Dass sie im Hintergrund Ursache für viele alltägliche Erfahrungen mit und in der Kirche sind, konnte hier und da bereits angedeutet werden. Viele kirchlich Engagierte werden aber gespürt haben, dass die Organisationsform der Kirche mit den konkreten Schwierigkeiten, denen sie heute ausgesetzt ist, zu tun hat. Im Folgenden möchte ich versuchen, die strukturelle Thematik auf einem Feld anschaulich zu machen, das in den Augen vieler verantwortlich ist für den beispiellosen Auszug von Kirchenmitgliedern in den vergangenen Jahrzehnten. In ethisch-moralischer Hinsicht ist es sicherlich *die* schwärende Wunde der gegenwärtigen Kirchenkrise. Es ist die sogenannte »Frauenfrage«.

Im Grunde geht es um eine einfache, vollkommen naheliegende Frage: Wie sollte es je zu rechtfertigen sein, dass für Männer und Frauen, denen als Menschen die gleiche Würde zukommt, in ihrer Kirche voneinander vollkommen unterschiedliche Zugangswege zu Diensten und Ämtern vorgesehen sind – und zwar aufgrund keines anderen Merkmals als dem ihres Geschlechts? Ein Merkmal, das sie nicht selbst gewählt haben und das sie in Intelligenz, Talent oder Klugheit nicht voneinander unterscheidet. Vielfach wird diese Frage mit dem Stichwort der »Gleichberechtigung« abgekürzt, und dafür gibt es gute Gründe. Der gleiche Wert der Geschlechter ist ein wichtiger Kern der biblischen Botschaft. Daraus wird gerade von der Kirche die allen Menschen aufgrund ihrer Geschöpflichkeit gleichermaßen zukommende Menschenwürde abgeleitet und politisch eingefordert. Die Exegese hat längst gezeigt, dass mit dem biblischen »Adam«, aus dessen Rippe dann die Frau genommen wird, nicht der geschlechtliche Mann bezeichnet ist, sondern das menschliche Wesen an sich.

Wer nun mit Verweis auf die eigene Botschaft beständig vom gleichen Wert beider Geschlechter spricht, dann aber einem der Geschlechter innerhalb der eigenen religiösen Organisation wesentliche Rechte vorbehält, der macht sich angreifbar. Während diese Frage dogmatisch und kirchengeschichtlich schon lange intensiv diskutiert wird, soll hier eine ganz bestimmte Perspektive im Vordergrund stehen: Wie kommt es, dass man mit dieser wichtigen Frage offenbar in eine vollkommen ausweglose Sackgasse geraten ist? Die These lautet: An der »Frauenfrage« zeigt sich das ganze Dilemma der gegenwärtigen Kirchenkrise. Doch zunächst zum Problem selbst.

Vom Rücken durch die Brust ins Auge …

Zu Kultur und Tradition der katholischen Kirche gehört es, Personen, die sie für ihre Ämter zulässt, nach der Geschlechtszugehörigkeit vorzusortieren. Zwar genügt das Mannsein allein nicht, um zum Priester geweiht werden zu können. Aber bei interessierten Männern wird geprüft, wie ernsthaft die vermeintliche »Berufung« ist und ob man von Anlagen und Fähigkeit her geeignet ist für den Priesterberuf. Das pure Frausein hingegen genügt, um bereits eine Stufe zuvor auszuscheiden. Zur Prüfung einer möglichen Berufung kommt es erst gar nicht – das ontologische Kriterium des Geschlechts spricht dagegen. In einer über Jahrhunderte hindurch patriarchal geprägten Welt konnte sich diese Vorauswahl lange Zeit als plausibel behaupten. War doch Jesus, den der Priester in der Eucharistie und überhaupt als Person in Zeit und Welt »repräsentiert«, ebenfalls ein Mann. Heute ist diese Nachvollziehbarkeit beinahe vollständig verloren gegangen, und zwar aus unterschiedlichen Gründen.

Da wäre der Gedanke der Repräsentation: Während mit einer platonisch inspirierten Theologie aus Antike und Mittelalter der Gedanke möglich war, dass sich eins im anderen verlustfrei ausdrücken kann, sind wir in der Neuzeit zunehmend kritisch geworden gegenüber einem solchen Denken. Wir stellen in Rechnung, dass es geschichtlichen Wandel gibt und dieser seinen Einfluss ausübt auf die Art und Weise, etwas zu verstehen. Das bedeutet, dass wir vorsichtiger sind zu sagen: Man kann etwas durch ein bestimmtes Tun und Handeln »gegenwärtig« setzen. Das hat Vor- und Nachteile. Natürlich ist es auf den ersten Blick ein Verlust, zu realisieren, dass zwischen dem, worauf man sich beruft, und dem gegenwärtigen Tun eine Distanz liegt und das eine nie vollständig im anderen aufgeht. Aber es ist auch ein Gewinn. Den Abstand zwischen Urbild und Abbild anzuerkennen, zollt dem, worauf man sich beruft, Respekt. Denn es wird deutlich, dieses Urbild ist immer größer als alles, was versucht, es ihm gleichzutun. Es wird immer einen Überschuss haben an Sinn, an Bedeutung und an Wirksamkeit – ganz gleich, wer sich wann und wo darauf beruft.

Für unsere Frage heißt das: Wenn wir die Entwicklung der menschlichen Denkgeschichte in Rechnung stellen, können wir »entspannter« mit dem Geschlechterkriterium bei der Amtsfrage umgehen. Wir alle, ob Mann oder Frau, sind derart weit davon entfernt, dem »Urbild« Jesus gleichzukommen, dass es keinen bedeutenden Unterschied macht, ob Mann oder Frau Priester ist und das Geschlecht Jesu teilt. Eine solche Überlegung wurzelt in einer grundsätzlichen Reflexion über die Fähigkeiten menschlichen Erkennens, aber auch in einem gewandelten Verständnis vom Wesen der christlichen Religion. Nicht eine Anstalt, die einem ein Angeld auf göttliches Heil versprechen kann, soll sie sein, sondern eine Gemeinschaft der Nachfolgenden, bei der es auf jeden Einzelnen ankommt und die zu jeder Zeit neu den Ruf zu bezeugen hat, dem sie folgt.

Neben dieser Überlegung muss man aber einen weiteren Gedanken geltend machen, um mit der scheinbaren Notwendigkeit aufzuräumen, nur Männer könnten die priesterliche Rolle ausüben. Von den Verteidigern dieser These wird ins Feld geführt, Jesus habe nur Männer zu seinen Jüngern und Aposteln berufen. Das ist richtig. Dann sollte man aber ergänzen: Er hat zwölf jüdische Männer berufen. Weder am Kriterium der Zahl noch an der Zugehörigkeit zur jüdischen Religion hat die Kirche festgehalten. Sie hat diese Aspekte vielmehr eingeordnet und sie in der Funktion gesehen, welche sie innerhalb der biblischen Erzählung einnehmen: Jesus initiiert eine Sammlungsbewegung innerhalb seiner eigenen Religion und zielt mit der Zwölferzahl auf die zwölf Stämme Israels.

Zur Zeit Jesu waren es Männer, die in kultischer Praxis und im öffentlichem Leben die sichtbaren Rollen einnahmen – wie sollte man es in einer altorientalischen Gesellschaft anders erwarten? Eines aber sollte zu denken geben. Die frühe Kirche konnte sich in mühsamen, aber letztlich konstruktiv gelösten Auseinandersetzungen dazu entscheiden, sich mit ihrer Botschaft nicht nur an Juden, sondern auch an Heiden zu wenden. Dass der christliche Glaube zu einer universalen Weltreligion werden konnte, ist einer großen interpretatorischen Souveränität der frühen Christen und ihrer Gemeinden zu verdanken – die Apostelgeschichte zeugt von diesen Auseinandersetzungen. In ganz entscheidenden Punkten hat das Christentum also Interpretationen seiner genetischen Substanz vorgenommen, mit dem Ziel, seine Botschaft möglichst wirkungsvoll weitertragen zu können.

Im Blick auf den Ämterzugang für Frauen aber scheint alles anders. Hier stockt die Fortentwicklung des eigenen Erbes, die sonst durchaus vorhandene Fähigkeit der Kirche zur verantwortungsvollen Interpretation wirkt blockiert. In biologistischer Art und Weise wird ein einzelnes Kriterium des Menschseins, Jesu geschlechtliche Identität, für ausschlaggebend erklärt. Ein wichtiger Gedanke wird ausgeblendet: Wenn der Sohn Gottes in jener patriarchalen Gesellschaft der Antike, in die er gesandt wurde, wirksam sein sollte, dann musste er Mann sein. Heute aber muss man nicht Mann sein, um etwas bewegen zu können. Im Gegenteil, wir denken sogar, dass es bestimmte Fähigkeiten und Talente gibt, über die eher Frauen verfügen als Männer – ohne damit eine starre Verteilung der Gaben und Talente behaupten zu wollen.

In der Summe kommt man zum Schluss: Zu sagen, nur ein Mann könne in der Priesterrolle wirken, kann bei Lichte besehen nicht zur Substanz des Glaubens gehören. Und allein das wäre ein annehmbarer Grund, um die nur Männern vorbehaltene Priesterweihe als eine »endgültige« und »definitive« Position zu bezeichnen, wie es Papst Johannes Paul II. im Apostolischen Schreiben *Ordinatio sacerdotalis* (1994) mit höchster lehramtlicher Autorität tat und wie dies 2018 vom Präfekten der römischen Glaubenskongregation nochmals bestätigt wurde. Das wäre, wie wenn man sagte, Priester können nur Aramäisch sprechende Menschen werden oder solche, die einmal Juden waren, oder Beschnittene, oder Zimmermannssöhne ... Es ist das, was man einen hermeneutischen Trugschluss nennen muss.

Frustration im »Meinungsghetto«

Die Frage nach der Weihe von Frauen gärt seit Jahrzehnten im Innern der Kirche. Männer wie Frauen, Laien wie Priester kämpfen darum. Es sind Christen mit einem Bewusstsein dafür, dass die Kirche vor einer entscheidenden Entwicklungsstufe steht, um ihrem eigentlichen Anliegen treu bleiben zu können.

Menschen in der Kirche unterstützen dieses Anliegen auf sehr unterschiedliche Weise. Da gibt es noch jene, die laut und offen kämpfen und protestieren. Aber es gibt viele, denen die Kraft dafür mittlerweile fehlt. Sie hegen eher passiv und im Stillen den Wunsch nach Veränderung. Sie sind überzeugt davon, dass der aktuelle Ausschluss der einen Hälfte der Menschheit vom Priestertum im Kern nicht dem Willen Jesu entsprechen kann. Die so empfinden sind sicherlich mehr als jene, die sich den offenen Widerspruch noch zumuten.

Es sind jene, die mit ihren Kräften und Ressourcen haushalten müssen. Sie sind eher pessimistisch in der Erwartung, mit ihrer Meinung etwas ausrichten zu können in der Kirche. So entsteht ein Mitgliedschaftsbewusstsein, bei dem einem das Hemd näher ist als der Rock. Mit anderen Worten: Man verzichtet darauf, zu äußern, womit man nicht einverstanden ist oder welche Veränderungen notwendig sind, weil die Hoffnung auf Resonanz ohnehin gegen null tendiert. Isolation und Frustration aber, die man in der Folge häufig in Kauf nehmen muss, möchte man sich sparen. Das Gefühl der Zugehörigkeit, um das man seit Langem innere Konflikte austrägt, soll nicht noch brüchiger werden, als es ohnehin schon ist ...

Diese Frustration sollte dringend zu denken geben. Es ist eine leise, manchmal uneingestandene Verzweiflung, die sich in der unaufgeregten Mitte des Kirchenvolkes breitgemacht hat. Sie legt die kirchliche Grundsituation offen: Es gibt Anliegen, die es offenbar nicht geben darf. Vertritt man sie, katapultiert man sich damit in die Schmuddelecke der notorischen Nörgler und Querulanten. Man darf weder auf Gehör hoffen, noch gibt es Verfahren, die dabei helfen könnten, solche Anliegen konstruktiv zu erörtern und einer Entscheidung zuzuführen, die Aussicht auf Akzeptanz hätte. Wer bestimmte Anliegen vertritt, tut etwas, das gar nicht vorgesehen ist im kirchlichen Sozialkörper. Er oder sie ergreift eine Stimme, die es nach herrschender Auffassung nicht geben dürfte. In einem solchen »Meinungsghetto« finden sich jene wieder, die den bestehenden Ausschluss der Frauen vom Weiheamt nicht für der theologischen Weisheit letzten Schluss halten.

Aber was können sie tun? Wo keine Verfahren und Prozeduren für eine reguläre Debatte vorgesehen sind, bleibt nur die

Bitte. Gebeten wird die amtierende Autorität, doch endlich ein Einsehen zu haben, zuzuhören, die vorgetragenen Argumente und Gesichtspunkte in Erwägung zu ziehen. Es ist der Appell ans Einsehen jener, die Handlungsmacht innehaben. Damit ist es ein Vorgehen, das typisch ist für eine Institution, die nach den Gesetzen hierarchischer Autorität und ohne das Prinzip der Gewaltenteilung funktioniert. Der Umgang mit einer pluralen Situation in der Auslegung der Wahrheitsfrage fällt ihr unendlich schwer.

Für die Frauenfrage konnte man in den vergangenen Jahren und Jahrzehnten regelmäßig beobachten, in welche Einbahnstraße diese Lage führt. Da folgt eine hochdekorierte Fachtagung der anderen und auf perfekt vorbereiteten Kongressen (zuletzt im Dezember 2017 in Osnabrück, siehe Anhang) werden Thesen vorbereitet, welche den eher aufgeschlossenen Bischöfen dann öffentlichkeitswirksam überreicht werden. Die Sorgfalt in theologischer Argumentation und die Sensibilität in Wortwahl und Kommunikation sind beeindruckend – aber die Aussichten auf eine wirkliche Resonanz und darauf, dass diese Argumente konkret Eingang finden in die Selbstbestimmung der Institution, tendieren gegen null. Nachdem sich der Rauch der medialen Aufmerksamkeit gelichtet hat, wird man ernüchtert feststellen: Außer der Absichtsbekundung der wohlmeinenden Fürsprecher, innerhalb der existierenden Struktur »die hier geäußerten Absichten weiterzutragen«, hat man nichts in den Händen.

Die viele Energie, der Fleiß, die kommunikativen, organisatorischen und intellektuellen Mühen waren ins Leere investiert, in eine Rechnung mit vollkommen offenem Ausgang, eventuell umsonst. Eine konkrete »Gegengabe« für theologisches Risiko, existenziellen Mut und investierte Klugheit braucht man sich nicht zu erwarten. Grundsätzlich kann solches Engagement gerechtfertigt sein und unser Leben wäre ärmer, gäbe es nicht das unkalkulierte, ins Offene investierte Tun und Wirken von Menschen. Kreativität entsteht überhaupt erst daraus, dass man sich investiert, ohne genau zu wissen, wofür es gut ist. Hier aber geht es um anderes.

Wer sich kirchlich für die Ämterfrage engagiert, manövriert sich mit diesem Engagement in eine handlungstheoretische Sackgasse. Man kann nur noch auf die Symbolwirkung der eigenen Positionierung hoffen. Alle normalerweise geltenden Gesetzlichkeiten, nach denen Menschen mit ihrem Handeln wirksam werden können, sind hier außer Kraft gesetzt. Es bleibt einzig das seltsam anmutende Handlungsmuster aus längst vergangenen, vormodernen Zeiten: Nachdem alles investiert ist, übergibt man das Getane in die Hände des Oberen, mit der Bitte, er möge sich doch großzügig erweisen und das Seine dafür tun, um alles zum Guten zu wenden ... In keiner Weise soll hier das Engagement der Frauen – und Männer! – in Misskredit gezogen werden, die sich für Geschlechtergerechtigkeit im Ämterzugang heute noch so offen und exponiert einsetzen. Sie riskieren manchmal viel und wissen auch darum. Ihnen gebührt hohe Anerkennung. Man muss aber den größeren Kontext sichtbar machen, in dem solches Engagement steht. Dieser Kontext ist institutionell bestimmt.

Die römische Kirche ist eine von neuscholastischer Dogmatik und kanonischem Recht durchformte Organisation. Die Theologie hat sich freilich weiterentwickelt, sodass heute der berechtigte Eindruck entsteht, es gebe höchst unterschiedliche normative Ordnungen – »alte« Theologie, »neuere« Theologie, streng angewandtes Kirchenrecht, frei interpretiertes Kirchenrecht, um

die wichtigsten Pole zu nennen. Dabei ist es nicht mehr nachvollziehbar, welche dieser Ordnungen nun verbindlich ist. Während
die meisten engagierten Gläubigen und auch viele Hauptamt-
liche in der Kirche meinen, eigentlich zähle doch das theologisch aktuelle Selbstverständnis der Kirche, funkt das nach einer viel älteren Logik getaktete Recht der Kirche immer wieder
dazwischen.

Denn es folgt einer in sich geschlossenen Logik, die aber für
heutige Zeitgenossen in weiten Teilen nicht nachvollziehbar ist.
Das Dilemma dieser Lage besteht darin, dass der rechtliche Rahmen der Kirche auf einen bestimmten Typ theologischen Den-
kens zurückgeht, der längst überholt ist. Diese verborgene Theologie des Kirchenrechts führt zu einer Ämterstruktur, die mental
stehen geblieben ist auf der Stufe der Antike, in der es als allge-
mein plausibel galt, dass der Mann der Frau übergeordnet und
geistig überlegen ist. Im Recht nun wird solche Theologie »ein-
gefroren« und bleibt für die Ordnung des kirchlichen Lebens
normativ ausschlaggebend.

Dass hierin dramatische Ungleichzeitigkeiten begründet liegen, aber auch die ganze Frustration über nicht »ankommende«
Kritik und Reformimpulse ihren tieferen Grund haben, ist evi-
dent. Wenn wohlmeinende Bischöfe wirklich etwas tun wollten
mit Kritik und Reformwünschen zur Geschlechtergerechtigkeit,
müssten sie sich daranmachen, die Rechtsordnung der Kirche
umzuschreiben. Und dafür müssten sie die jahrhundertelang darin eingelagerte Diskriminierungstheologie gegenüber Frauen
ans Licht ziehen und entkräften. Das ist beträchtlich mehr als zu
geloben, die Anliegen »wohlwollend weiterzutragen« und vielleicht die eine oder andere Frau – theologisch völlig unspektakulär – zur Ordinariatsrätin oder Pressesprecherin zu ernennen.

Das heißt, ein Bischof müsste wirklich die Ärmel hochkrempeln und sich ziemlich schmutzig machen – theologisch, kirchlich, innerhalb von Bischofskonferenz und Weltkirche …

Aber so weit ist es momentan nicht. Noch nicht? Ein recht realistisches Bild der gegenwärtigen Lage wird sichtbar in einem Gespräch zwischen zwei Theologen des Kirchenrechts, das in einer deutschen Kirchenzeitung dokumentiert wurde. Beide äußern unterschiedliche Positionen darüber, was unter den gegebenen Umständen heute schon möglich sei. Nach den Äußerungen von Kardinal Luis Ladaria, dem Präfekten der römischen Glaubenskongregation, über die definitive Absage an das Frauenpriestertum sollten beide Stellung beziehen. Während die »mutige« Stimme dafür plädierte, dass es doch weiterhin erlaubt sein sollte, die Frage zumindest zu erörtern, vertrat der Kollege die Position: Nein, denn das sei eben vom Recht der Kirche her gar nicht denkmöglich. Man muss sagen: Recht hat er wahrscheinlich – bleibt man innerhalb der rein rechtlichen Betrachtung. Sich zu erlauben, darüber hinaus zu denken, wird da bereits als mutiger Schritt nach vorne angesehen … Genau das ist das Problem der Kirche. Wer sie verändern möchte, muss sie eigentlich aus den Angeln heben.

Trampelpfade des Überlebens

Wo Reformen konsequent blockiert werden und eigentlich Revolution angesagt wäre, entstehen Trampelpfade des Überlebens. Es sind Wege, um mit dem Mangel irgendwie zurechtzukommen und um den Kopf nicht direkt in den Sand stecken zu müssen. Wege für den Einzelnen und Wege für die Institution. Aber es ist klar, dass diese Wege keine Lösung des Problems leisten, dieses sogar teilweise noch verschlimmern.

Da ist zunächst die »Strategie der kleinen Schritte«. Der Hintergedanke lautet: Da das eigentlich Wünschenswerte derart hoch hängt, greifen wir zunächst einmal kürzer und beschränken uns auf das eventuell Erreichbare. So denken viele, die sich für die Zulassung von Frauen zur Diakonenweihe einsetzen. Nun lässt sich das Amt vom theologischen Gedanken her aber nicht einfach aufteilen – in voneinander getrennte »Ämter« des Bischofs, des Priesters und des Diakons oder eben der Diakonin. Der Sache nach gehen sie auseinander hervor und gehören zusammen. Die drei Stufen sind nach gängiger Dogmatik eher zu verstehen als drei unterschiedliche Aspekte eines Sachverhalts. Dass nämlich geweihter Priester zu sein bedeutet, im priesterlichen Handeln Anteil zu haben am dreifachen »Amt« Christi, seinem Heiligungs-, Lehr- und Leitungsamt. In der Praxis von Bischof, Priester und Diakon kommen diese Aspekte des Handelns auf je unterschiedliche Weise, mal nur partiell, mal sukzessive zum Ausdruck, aber sie alle sind notwendig für eine »amtliche« Christus-Repräsentation.

Wer sich nun für die Diakonenweihe von Frauen einsetzt, kann nicht ernsthaft behaupten, Frauen kämen für kein weiteres Weiheamt mehr infrage, wenn sie als Diakoninnen zugelassen sind. Weil das gesehen wird, kommt der Vorschlag auf, ein spezielles neues Amt für Frauen zu schaffen, das man zwar »Diakoninnenamt« nennt, das aber streng genommen mit dem existierenden Weiheamt des Diakonats nichts zu tun hat. Es ist eine Farce: Statt darauf zu beharren, dass Frauen den Zugang zum vollen Amt erhalten sollten, beschränkt man sich aus taktischen Gründen auf einen Teilaspekt. Und gerade damit tappt man auch noch in ein Rollenklischee. Die diakonischen Dienste, also die kirchliche Präsenz an den sozialen Randbereichen der Gemeinde, werden für die Frauen vorgesehen – nicht aber das Wirken in Leitung, Lehre und Liturgie?

Und wie durchschaubar ist es, wenn in scheinbar großzügiger Geste ein eigenes Diakoninnenamt für Frauen avisiert wird? Anstatt sich den Mühen zu unterziehen, den Zugang zum Amt zu weiten und damit auch die Kultur der bestehenden Ämterpraxis zu reformieren, erfindet man ein neues »Voramt«. Es wird mit großer Wahrscheinlichkeit dazu dienen, die bestehenden Arrangements von Einfluss, Macht und Beteiligung unangetastet zu lassen. Deshalb ist es nicht vermessen und auch nicht besonders fantasievoll, sondern nur schlüssig, die Frage zu stellen, wann es Priesterinnen und natürlich auch die erste Bischöfin in der römisch-katholischen Kirche geben wird.

Ein anderer Trampelpfad des Überlebens verläuft entlang dem Motto: »Lieber den Spatz in der Hand als die Taube auf dem Dach.« Weil die Strategie der kleinen Schritte offenbar einen so viel längeren Atem erfordert, als ihn viele haben, greift man zum Naheliegenden. So hat sich im Nachgang zum II. Vatikanischen Konzil der kirchliche Beruf der Pastoralreferentin beziehungsweise – je nach Ausbildungsanforderung – des Gemeindereferenten entwickelt. Begleitet von viel theologischer Aufbruchsstimmung wurde mit dem vor allem in den deutschsprachigen Ländern sich etablierenden Berufsbild eine Hoffnung genährt. Wo Laien, die denselben theologischen Ausbildungsstand wie Priester aufweisen, erst einmal hauptberuflich an Seelsorge und Gemeindeorganisation beteiligt sind, ist der erste – entscheidende – Schritt getan, um bald zu einer wirklich »geschwisterlichen« Kirche zu gelangen. Der garstig breite Graben zwischen

Klerus und Laien würde, so die Hoffnung, bald überbrückt sein, eine partizipative Kirche jedenfalls in Reichweite.

Aus der Sicht von Frauen, die sich dazu berufen fühlen, ihre Talente und Fähigkeiten in der Kirche einzubringen, ist es durchaus schlüssig, auf diese Karte zu setzen. Bietet der Beruf doch vielerlei Möglichkeiten und je nach vorgesetztem Pfarrer auch Verantwortung für ganze Seelsorgebereiche und die Sakramentenvorbereitung. Es soll hier überhaupt nicht geleugnet werden, dass sich mit dem Berufsbild in vielen Gemeinden einiges verändert hat. Die Kirche wird vielfältiger wahrgenommen. Von außen sieht man, dass Frauen genauso gut – oder schlecht – predigen, begleiten, trösten und den Glauben erklären können wie der Herr Pastor. Frauen haben als Gemeinde- oder Pastoralreferentinnen die Möglichkeit zur Mitgestaltung. Und das ist schon nicht wenig – wenn man sieht, woher man kommt: von einer Organisation, die zu hundert Prozent von Männern geführt wurde. Dass nun Frauen mit akademischer Vollausbildung Verantwortung übernehmen und hauptberuflich delegierte Dienste im Namen dieser Organisation übernehmen, ist durchaus als ein Fortschritt zu werten.

Dennoch muss man die Entwicklung der letzten Jahrzehnte einer sehr kritischen Relecture unterziehen. Denn die Hoffnungen, die mit der Entwicklung des Berufsbildes verbunden waren, gingen nicht in Erfüllung. Schlimmer noch, es bestätigt sich nicht, dass Pastoralreferentinnen ein erster, entscheidender Schritt auf dem Weg zu gleicher Beteiligung von Frauen an der amtlichen Leitung der Kirche sind. Im Gegenteil: Vielfach übernehmen sie eine hohe Arbeitslast an der seelsorglichen Basis, damit die weniger werdenden Priester für die notwendigerweise dem Amt vorbehaltenen Funktionen zur Verfügung stehen.

Nun ergibt sich eine verhängnisvolle Verquickung von sub-jektiver und institutioneller Interessenlage. Während viele Frauen mit pastoral-seelsorglicher Berufung endlich eine Möglichkeit er-kennen, innerhalb der Kirche ihre Fähigkeiten einbringen zu kön-nen, wird mit dem Berufsbild das bestehende Machtgefüge und Geschlechterverhältnis in der Kirche stabilisiert. Von den Frauen her gedacht ist das ein Dilemma, von der Institution wird es mehr oder weniger achselzuckend zur Kenntnis genommen. Der Pfar-rer behält jedenfalls die Letztverantwortung über alle seelsorger-lichen Tätigkeiten in der Gemeinde, Frauen bleiben die Zuar-beiterinnen, die beispielsweise nach engagierter und umsichtiger Sakramentenkatechese die Kommunionkinder oder Firmlinge zur Feier des Sakraments selbst an den Priester »abgeben« müssen.

Wieder einmal wird ein kulturgeschichtlich altbekanntes Modell praktiziert. Frauen leisten Arbeiten, die für den Erhalt und Fort-bestand von Institutionen lebensnotwendig sind, die aber von dieser nicht in der Weise anerkannt werden, wie es angemes-sen wäre. Als zynisch müssen Frauen auffassen, was ihnen dann manchmal von amtlicher Seite zu diesem Ungleichgewicht ge-sagt wird. Ihre Arbeit und ihr Frausein überhaupt seien von un-schätzbarem Wert in der Kirche, die ja auch mütterlich sei – sie sollten sich nicht darauf einengen lassen, eine vermeintlich wich-tige Anerkennung in Form eines Amtes einzufordern. So man-cher Bischof kommt beim Empfang des Vorstandes der katholi-schen Frauenverbände seines Bistums dann auch rasch auf seine eigene Mutter zu sprechen, der er doch so viel verdanke …

Es ist das, was man ehrlicherweise eine Falle nennen sollte. Der Beruf der Pastoral- oder Gemeindereferentin bietet ein Feld, auf dem Frauen innerhalb der Kirche überhaupt einigermaßen fair nach Kompetenz und Fähigkeiten agieren können. Wer würde sich anmaßen, Frauen vor dreißig Jahren oder heute vorzuwerfen, diesen Beruf gewählt zu haben? Zugleich aber treffen sie damit eine berufliche Option, mit der sie sich sehenden Auges in eine theologisch im Grunde nicht zu rechtfertigende Zweiklassengesellschaft hineinbegeben und diese durch ihr Tun auch stabilisieren. Mir ist bewusst, dass es provokant ist, die Zusammenhänge so zu benennen. Ich glaube aber, in der Kirche neigt man dazu, sich diesbezüglich etwas vorzumachen.

Natürlich, ein halb leeres Glas kann man auch als halb voll bezeichnen. Und selbstredend geschieht auch im falschen Leben viel Richtiges. Auch in einer Kirche mit den falschen Strukturen ereignet sich Offenbarung. Mit anderen Worten: Die seelsorgerliche Arbeit der hauptamtlichen Laienmitarbeiterinnen und -mitarbeiter bewirkt Gutes und Richtiges, sie trägt bei zum Aufbau des Reiches Gottes. Mir ist es allerdings wichtig, den größeren Zusammenhang nicht aus den Augen zu verlieren: Dass man sich fragen muss, welche Struktur und welches Verständnis von der Institution Kirche mit der gegebenen Auffächerung von Ämtern und Diensten praktiziert wird.

Es scheint mir eindeutig, dass mit dem Dienst der Pastoralreferentin und des Pastoralreferenten das monarchische Kirchenmodell nicht infrage gestellt, sondern nur um ein Ausweichfeld erweitert wird. Es ist ein Feld, auf dem man (oder eher frau) immerhin handeln kann, innerhalb eines eng gesetzten Duldungsrahmens. Dieser Rahmen beschreibt allerdings einen Raum mit uneindeutigen Grenzen und Zuständigkeiten. Jederzeit kann dieser Raum – zum Beispiel beim Wechsel des vorgesetzten Pfarrers – neu zugeschnitten werden. Und es ist ein Raum, in dem heute Kompetenz und Qualifikation, morgen Weiheamt und damit Geschlecht den Ausschlag darüber geben, wer nun was tun oder unterlassen sollte.

Alles in allem sind das Bedingungen, die für transparentes und verbindliches Handeln innerhalb seelsorglicher Beziehungen nicht förderlich sind. Und bei den Frauen im kirchlichen Dienst führt das hin- und herwabernde Berufsbild zu ganz unterschiedlichen Reaktionen. Manche verdrängen die »offizielle Situation«, weil sie es in ihrem lokalen Handlungsfeld gut angetroffen haben. Andere hadern mit ihrer Lage und gehen ins innere Exil, auch weil sie mit ihren Qualifikationen der Kirche als Arbeitgeberin existenziell ausgeliefert sind. Wieder andere begnügen sich trotz vorhandenen Problembewusstseins von vornherein damit, »das zu tun, was eben möglich ist« – weil die großen Proteststürme ja doch nichts gebracht haben, und um die eigenen Kräfte nicht in aussichtslosen Kämpfen zu vergeuden.

Willkommen im permanenten Ausnahmezustand

Dass man Frauen den Zugang zu kirchlichen Ämtern gewähren sollte, ist nicht zuerst eine Frage des pastoralen Bedarfs, sondern der theologisch-ethischen Überzeugung. Aber es stimmt auch: Den Gemeinden gehen die Priester aus, und das seit Langem. Wie reagiert die Kirche auf dieses sich seit Jahrzehnten abzeichnende Problem, das sich in den letzten Jahren dramatisch zugespitzt hat? Sie zerstört sehenden Auges ihre eigene Basis – die Gemeinden, jenes kulturell und historisch über Jahrhunderte gewachsene Wurzelgeflecht, das Menschen hilft, ihren Glauben innerhalb ihrer Lebenswelt zu verankern und zu leben. Dass die

Kirche am Lebensort in Gestalt der Pfarrgemeinde erlebbar war, ist ein Signal. Es bedeutet: Religion gehört zum Leben und das Leben hat eine religiöse Dimension.

Es war über Jahrhunderte Kernkompetenz des katholischen Christentums in West- und Mitteleuropa, diese Gleichung aufgehen zu lassen. Mit dem Priestermangel wird das aber kaputtgemacht. Das offizielle kirchliche Lehramt entzieht sich der fälligen Diskussion über eine Weihe von Frauen zu Priesterinnen durch eine strikte Weigerung, stattdessen schafft man vor Ort immer größere Pfarrverbünde und »pastorale Räume«. So verenden einst lebendige Gemeinden am Tropf eines immer weniger ausreichenden Priesternachwuchses, die nahräumige Organisation von Seelsorge wird löchrig. Unterm Strich müssen also diejenigen, die der Kirche die Stange halten und darauf angewiesen wären, dass ihr Dabeibleiben von den übergeordneten diözesanen Strukturen gestützt wird, das Gemeindeleben tragen und ein Schlamassel ausbaden, das sie selbst am allerwenigsten verursacht haben. Bistümer und Kirchenleitungen praktizieren den permanenten Ausnahmezustand, um am Modell des zölibatären, den Männern vorbehaltenen Priesteramts festhalten zu können. Das Ergebnis: Ein Jahrtausend mitteleuropäischer Christentumsgeschichte wird in manchen Pfarreien binnen weniger Jahrzehnte restlos abgewickelt.

Andernorts gäbe es nun längst eine Diskussion um Verhältnismäßigkeiten. Ist es verhältnismäßig, lange gewachsene und heimatgebende Gemeindestrukturen aufzulösen, um an einem theologisch mehr als fragwürdigen Amtsmodell festzuhalten? Ist es verhältnismäßig, den verbleibenden Priestern mit der Leitung solcher Monsterpfarreien ein Arbeitspensum aufzuladen, das die

Idee eines seelsorgenden Priesters, der wirklich Anteil nehmen kann an den Lebenskontexten von Menschen, preisgibt?

Abwägungen, die in Staat und Gesellschaft völlig selbstverständlich sind, erscheinen in der Kirche offenbar als unangebracht. Selbst die größten Krisen des religiösen und kirchlichen Lebens in der Gegenwart können sie nicht dazu bewegen, ihre verhärteten Grundpositionen zu überdenken. Nicht kluges Erwägen und ein Bedenken theologisch-pastoraler Verhältnismäßigkeiten, sondern »definitive« Festlegungen und rigide Gesprächsverbote scheinen die Organisationslogik der Kirche heute auszumachen. Sie verrennt sich in die Festlegung auf ein exklusiv männliches Priesteramt auf der Basis einer ziemlich dünnen Erwartung, nämlich dass es irgendwann einfach wieder mehr Männer geben werde, die sich vom Priesterberuf angezogen fühlen.

Zugleich aber wird dieses Berufsbild auf eine Weise enggeführt, dass man sich fragt, worin die Attraktivität des Berufes noch liegen kann. Würde ich als Vater heute, in der gegenwärtigen Lage der Kirche, angesichts ganz realer Berufsbilder von Priestern, positiv reagieren, wenn mein Sohn mir sagte, er möchte Priester werden? Ich zweifle. Aber das eigentlich Dramatische ist doch: Mein Sohn, obwohl religiös durchaus »musikalisch«, kommt gar nicht auf die Idee, der Priesterberuf könne ein attraktiver sein. Ich kann es ihm nicht verdenken.

Die Kirche befindet sich in einer schwierigen Lage und versucht ein Problem zu lösen, indem sie sich mehrere neue einhandelt. Die pure Hoffnung auf mehr männliche Priesterberufungen also. Oder hat man, in einer Art institutionellem Hoffnungsverlust, dieses Ziel nicht unter der Hand bereits aufgegeben und versucht sich mit dem Modell der Großpfarrei (»An vielen Orten in Afrika und Lateinamerika ist das die Regel!«) über die Zeit zu retten? Aber wohin genau will man sich retten? In eine Zeit, in der das gewachsene moralische Bewusstsein vom gleichen Wert der Geschlechter wieder verdunstet und die theologischen Konsequenzen daraus nicht mehr gezogen werden müssten? In eine Zeit, in der man wieder annehmen kann, Mannsein an sich begründe einen theologischen Status eigener Art? Man muss zugespitzt fragen: Spekuliert die Kirche allen Ernstes darauf, dass eine Gesellschaft und dann auch ein Denken zurückkehren könnten, in welchen die Glaubensgemeinschaft guten Gewissens auf die Hälfte der Menschheit, deren Charismen, Talente und Ressourcen verzichten kann?

Was wir brauchen: ein Ende der klerikalen Monokultur

Die Kultur der katholischen Kirche wird sich ändern, wenn auch Frauen zu Priesterinnen geweiht werden. Ein nach rein männlicher Art gelebtes Priesteramt wird auf viele Frauen nicht besonders attraktiv wirken. Der Kirche jedenfalls wäre zu wünschen, dass sich mit der Zeit eine Amtspraxis entwickelt, die Bewährtes fortsetzt, aber um die vielen Facetten, Denk- und Handlungsweisen erweitert wird, die in verstärkter Weise von Frauen eingebracht werden können. Und es wird dann auch solche Handlungsweisen geben, die erst im kooperativen Miteinander der Geschlechter entstehen können und nochmals etwas Neues im Wirken der Kirche darstellen. Welcher Reichtum, so kann man nur bedauern, entgeht der Kirche bis heute!

Ziel dieser Überlegungen ist es nicht, ein anderes Amt zu erschaffen und Tabula rasa zu machen mit der Überlieferung. Im

Gegenteil: Damit die Kirche ihren Heiligungs-, Lehr- und Leitungsdienst besser, wirksamer und in größerer Tiefe leisten kann, muss sie aus der Fülle menschlicher Erfahrung schöpfen können. Eine Geschlechtsgruppe allein ist eine zu schwache Basis für diese Aufgabe. Zu fordern, Frauen sollten auch geweiht werden können, heißt also, die Idee des Amtes zu stärken. Die Kirche wird dann auch nicht mehr gezwungen sein, ihre reale – eben ämterbasierte – Leitungsstruktur verschämt in den Hintergrund zu rücken und den Frauen »die vielen anderen Möglichkeiten und Dienste, die es gibt«, schmackhaft machen zu müssen.

Und schließlich ist eine gemischtgeschlechtliche Leitungsstruktur der Kirche eine wesentliche Voraussetzung dafür, dass Mentalitäten wie der Klerikalismus abgebaut werden. Leitungskulturen, die aus nur einer Geschlechtsgruppe bestehen, pflegen gerne ihre stillen Geheimnisse, verschwiegene und oft sogar zum Leidwesen ihrer Mitglieder kultivierte Rollengesetze und Handlungsmuster. Der Missbrauchsskandal konnte auch auf diesem »Mutterboden« wachsen und gedeihen. In der klerikalen Kultur, die einem Männerbund ähnlich ist, fehlt etwas Wichtiges, nämlich der durch Vertreterinnen des anderen Geschlechts ganz selbstverständliche alternative Blick auf Tun und Denken. In der klerikalen Monokultur gibt es keine wechselseitige Korrektur der Geschlechter. Es gibt auch keine Variantenbreite im Handeln, Denken und Fühlen, die aus der Vielfalt geschlechtlicher Identitäten erwächst. Weil ein geschlechtergerechter Ämterzugang also der Kirche dient, muss er keine Angst machen. Das bedeutet natürlich, dass die Kirche in Zukunft auch von Bischöfinnen und Päpstinnen geleitet wird.

Wandel und Veränderung gehören seit jeher zur Kirche. Seit es sie gibt, hat die Kirche in einem engen Austausch mit der sie umgebenden Kultur gestanden, die Philosophie der Antike genutzt, um ihre Dogmatik zu entwickeln, die Kunst der Renaissance, um Liturgie und Frömmigkeit zu beleben, Mathematik und die neu entstehenden »exakten« Wissenschaften, um ihre Morallehre – auf eine natürlich eher problematische Weise – auszubilden. Das sind nur wenige Beispiele, man könnte die Reihe beinahe beliebig verlängern: Es wird eine Sammlung von Prägungen und Einflüssen ergeben, die in einer jeden Epoche nach deren interpretatorischen Möglichkeiten neu bewertet und gefiltert wurden. Vieles hat man aufgegeben, vieles andere bewahrt und mitgenommen.

Wer sich heute für die Erweiterung des Ämterzugangs einsetzt, verlässt deshalb nicht ein Muster, das auf anderen Feldern für die Kirche stets Geltung hatte und auch ihren Fortbestand gesichert hat. Sie ist nicht Kirche gegen die Welt, sondern Kirche in der Welt und für die Welt. Deshalb steht sie in der Verpflichtung, jenen ethisch-emanzipatorischen Entwicklungen und Errungenschaften Aufmerksamkeit zu schenken, die sich innerhalb dieser Welt und der Menschheit weltweit durchgesetzt haben – und die sie vielleicht sogar einmal selbst (mit-)angestoßen hat. Die Einsicht in den gleichen Wert und, in der Folge, in die Pflicht auf gleiche Rechte der Geschlechter gehören unzweifelbar zu diesen Überzeugungen.

5.
»Die wirklich kritischen Leute sind schon längst ausgewandert«

Sich zugehörig fühlen und teilhaben, mitwirken und gestalten, das eigene Tun als wirksam empfinden – das alles sollte Kirchenmitgliedern doch eigentlich möglich sein. Blickt man auf die Wurzeln der Kirche, kann man zu keinem anderen Schluss kommen: Gott hat den Menschen nach seinem Bilde geschaffen, heißt es in der Genesis. Als Mann und Frau schuf er sie, aufgerufen, dem Wort Gottes in der eigenen Existenz eine ganzheitliche Antwort zu geben. Christus-Gläubige sind eingesetzt als »Erben der Verheißung« (Brief an die Hebräer 6,17). Und man höre und staune: Als solche sind sie »nur wenig geringer gemacht als Gott« und »gekrönt mit Pracht und Herrlichkeit« (Psalm 8,6). Christinnen und Christen sind deshalb aufgerufen zu einer verantwortungsvollen Gestaltung der Schöpfung: »Du hast ihn als Herrscher eingesetzt über die Werke deiner Hände, alles hast du gelegt unter seine Füße« (Psalm 8,7).

So weit der kurze Blick auf die biblischen Quellen des Glaubens. Je mehr man diese Quellen sprechen lässt, desto vordringlicher wird die eine zentrale Frage: Wie verträgt sich das biblische

Bild des mit Würde ausgestatteten und zu Verantwortung gerufenen Menschen eigentlich mit dem Platz, der dem Gläubigen in der gegenwärtigen Kirche zugewiesen wird? Nicht Verantwortung, Mitgestaltung und eine Teilhabe, die an der gleichen Würde von Mann und Frau Maß nimmt, scheinen hier die Richtschnur zu sein. Vielmehr geht es um die Ein- und Unterordnung in eine Sozialkörperschaft, die einen Steuerungsanspruch erhebt, der bis in tiefste Winkel der persönlichen Lebensführung hineinreicht. Vielen erscheint das geradezu als Widerspruch zur biblischen Botschaft. Denn wer in der Kirche mitwirken will, muss zuerst den Platzanweisungen der Institution Folge leisten. Eigene Kreativität und Verantwortlichkeit werden nur in einem vorab festgelegten Maß zugelassen. Die Botschaft von der gleichen Würde der Geschlechter wird in eine Hierarchie kirchlicher Wertigkeiten übersetzt, die der biblischen Quellenkritik nicht standhält und den Praxistest nicht besteht. Wer das aber offen ausspricht und sich um Veränderungen bemüht, macht eine spezielle Erfahrung. Er oder sie gilt als Nestbeschmutzer, als Störenfried, als Querulantin – oder einfach als »mühsam«. Zu mühsam für den konkreten Kirchenbetrieb, der ja am Laufen gehalten werden muss. Nun ist zu fragen: Was macht diese Erfahrung mit den Betroffenen?

Als ich im Wintersemester 1991 an der Universität Münster mein Studium begann, fand ich eine Heimat in der Katholischen Hochschulgemeinde. Der damalige Studentenpfarrer Werner Huch war ein alter Hase der Hochschulpastoral. Mir gefiel seine nüchterne, zurückhaltende und etwas trockene Art, die dennoch eine Empathie für das Schicksal der vielen unterschiedlichen jungen Menschen spürbar werden ließ, die sich in der Hochschulgemeinde eines so großen Universitätsstandorts wie

Münster einfanden. Er war damals schon über ein Jahrzehnt an der KHG tätig und hatte den Wechsel der Studentengenerationen erlebt. In seiner etwas melancholischen, aber immer realistischen Art sagte er etwas, das mir bis heute im Gedächtnis geblieben ist: »Die wirklich kritischen Leute sind nicht mehr bei uns, die sind längst ausgewandert, in politische Parteien, Bürgerinitiativen oder NGOs ...«

Eine solche Aussage tut weh und man verdrängt sie gerne. Wer von denen, die heute noch in der Kirche engagiert sind, will sich schon sagen lassen, man sei nicht mehr »wirklich kritisch«? Gemeint ist damit ja auch die Bereitschaft, sich einzubringen, Idealen und Werten zu folgen und mit eigenem Einsatz für die Gestaltung einer lebenswerteren Welt zu kämpfen. Es geht um ein Engagement, das doch auch in der Kirche zu Hause sein sollte! Ich meine, es ist wichtig, die damalige Einschätzung von Werner Huch zu bedenken. Sie hilft zu sehen, dass es Menschen nicht unverändert lässt, wenn sie wiederholt und zum Teil dauerhaft die Erfahrungen der »Resonanzlosigkeit« machen. Gemeint ist die Erfahrung, dass man mit dem Wunsch, das mitzugestalten, was einem wichtig ist und »woran das Herz hängt«, ohne Wirkung bleibt. Wenn dieses Echo über längere Zeit ausbleibt, ist der Impuls auszuziehen und die Institution Kirche zu verlassen eigentlich ein nachvollziehbarer, ein menschlicher, ein fast unausweichlicher Schritt. Viele haben sich in den vergangenen Jahrzehnten auf die Suche nach alternativen Feldern gemacht, um das zu verwirklichen, was ihnen wichtig ist. Viele tun dies auch im schmerzhaften Bewusstsein, dass ihnen die religiöse Dimension dabei fehlt.

Neben denen, die gehen, gibt es aber auch viele, die das nicht können. Von deren verzwickter innerer Lage soll später noch die

Rede sein. Hier geht es darum, zu sehen, welche Handlungsperspektiven die Situation den »Gebliebenen« noch bietet. Auf welche Felder verlagert sich ihr Tun und Denken? Welche Deutungsangebote stehen zur Verfügung und wie sind diese angesichts des Gesamtkontextes einzuschätzen?

Synodalität und andere Containerbegriffe: Die Selbsttäuschungen des Reformkatholizismus

Keiner lässt sich gerne sagen, er sei im falschen Film – oder in der falschen Kirche. Man arbeitet lieber daran, die eigene Lage zu verbessern. Dazu gehört eine Deutung der Situation, die Hoffnung macht, und eine Perspektive, die den aktuellen Weg nicht als Sackgasse, sondern allenfalls als Tunnel interpretiert, an dessen Ende wieder Licht zu erkennen ist. Das mit Erwartungen beladene Schlüsselwort einer solchen Haltung lautet Synodalität. Für manche wirkt es als ein Zauberwort, dazu geeignet, die kirchliche Selbstblockade zu lösen. Für viele andere hat es seine Anziehungskraft mittlerweile verloren.

Vielleicht liegt die Karriere, die es im zeitgenössischen Reformkatholizismus hinter sich hat, gerade in seiner Doppelbödigkeit: Auf der einen Seite verheißt es eine Alternative zu autoritär-zentralistischer Kirchenherrschaft von oben nach unten. Synodales Handeln und Entscheiden ist in Ansätzen partizipativ: Das Bildwort vom »gemeinsamen Weg« (griechisch: *syn-hodos*) deutet ein prozesshaftes, einbeziehendes Vorgehen bei der Regelung der kirchlichen Angelegenheiten an. Auf der anderen Seite setzt es eine lange kirchengeschichtliche Tradition fort. Auf »synodale Weise« sollten sich Bischöfe miteinander beraten und zu Entscheidungen kommen, so die theologische Tradition.

Dahinter steht der Gedanke, dass Bischöfe als Apostelnachfolger per se Anteil an der in der Weihe übertragenen Vollmacht Christi haben und Mehrheitsentscheidungen deshalb unangebracht sind. Einen Bischof als Geistträger zu überstimmen, verbietet sich schon vom theologischen Gedanken her.

Mit der Forderung nach »mehr Synodalität in der Kirche« scheint in den Augen vieler ein vermeintlicher Schlüssel zur Lösung verfahrener Situationen gefunden zu sein. Man belebt ein altkirchlich überliefertes Strukturprinzip kirchlicher Entscheidungsfindung und hat damit ein Ersatzinstrument für die in kirchlichen Ohren so schrecklich dissonant klingende »Demokratie« in den Händen – das aber zu ähnlichen Resultaten führen soll: mehr Beteiligung, mehr Gemeinschaftlichkeit zwischen Entscheidenden und Kirchenvolk, ein besseres Verständnis für die wechselseitigen Nöte und Bedürfnisse.

Allerdings begegnet die Forderung nach Synodalität heute derart inflationär oft, dass sie in ihrer Allgemeinheit trivial geworden ist. Der Begriff wird unspezifisch gebraucht – nicht eine Synode wird gefordert, sondern das »Prinzip Synodalität«. Meine Sorge ist: Ein Bildwort, von dem sich die Reformkatholiken die Akzeptanz »der anderen Seite«, also der Kirchenführung erhoffen, wird mit so hohen Erwartungen aufgeladen, dass man nur enttäuscht zurückbleiben kann. So wird Synodalität zum Containerbegriff, wie es etwa der »Spiritualität« schon geschehen ist: Jeder versteht etwas anderes darunter und am Ende ist der Begriff mit so verschiedenen Bedeutungen überfrachtet, dass er für keinerlei inhaltliche Aussage mehr zu gebrauchen ist.

Es ist ein Schattenspiel. Niemand hat etwas gegen Synodalität – weil jeder etwas anderes darunter versteht. Die katholischen Laien im Zentralkomitee der deutschen Katholiken (ZdK) verfassen kluge Papiere, in denen sie eine »synodale« Ausrichtung der Kirche vorschlagen. Die Päpstliche Theologenkommission wiederum erklärt mit kühler Strenge, ab wann dieser Begriff von der Tradition nicht mehr gedeckt ist.

Unterm Strich bleibt Ernüchterung. Höchste Erwartungen, die mit inhaltlicher Unbestimmtheit einhergehen, führen zu herben Enttäuschungen. Kein Bischof wird sich einem »synodalen Prozess« verschließen, weil damit die kirchliche Grundordnung, in der sich Klerus und Laien gegenüberstehen und ersterem eine gewaltenteilig nicht kontrollierbare Steuerungshoheit zukommt, nicht infrage gestellt wird. »Reden kann man ja erst einmal über alles …« – das klingt zynisch und ist sicherlich nicht das Kalkül, mit dem Bischöfe in ihre diözesanen Gesprächs- und Erneuerungsprozesse gehen oder der Pfarrer in die Pfarrgemeinderatssitzung, an dessen Beschlüsse er ebenfalls rechtlich nicht verpflichtend gebunden ist. De facto aber entfaltet diese Lage ihre Wirkung: Laien und ihre Gremien dürfen beraten, verbindliche Entscheidungen aber werden von den männlichen Amtsinhabern getroffen, kirchliches Recht von ihnen gesetzt.

Die dringende Empfehlung lautet deshalb: Sprechen wir nicht länger von »Synodalität«, bis nicht verbriefte strukturelle Veränderungen erwirkt sind! Diese können im Ergebnis dann zur angestrebten synodalen Haltung der Kirche führen. Andernfalls aber wird man den Begriff als bloße Nebelkerze verwenden, die im Ergebnis die Enttäuschung nur noch größer macht. Als reiner Erwartungsbegriff verhindert solche Rhetorik eine klarsichtige Analyse des Ist-Zustands.

Falscher Trost: die Kunst des Möglichen

Die bisherigen Beobachtungen zielten auf bestimmte Redeweisen und die Suche nach inhaltlichen Ressourcen, um mit der verfahrenen Situation der Kirche leben zu können. Es lassen sich aber auch konkrete Handlungsfelder ausmachen, von denen sich viele Neuanfang und Kehrtwende erhoffen. So werden bereits seit mehreren Jahren auch Frauen auf die Leitungspositionen in Ordinariaten und Diözesanverwaltungen berufen, manche gar mit dem Titel »Ordinariatsrätin« ausgestattet. Ein guter und richtiger Schritt, keine Frage. Oft ist es aus Sicht des Bischofs der betreffenden Diözese auch ein mutiger Schritt, weil er die bis dato in der Regel einem höheren Kleriker vorbehaltene Position nun nicht mehr »intern« vergeben kann, sondern die infrage kommenden Priester einem gewissen Konkurrenzdruck mit fähigen Laien aussetzt.

»Wir brauchen mehr Frauen da, wo es heute schon geht«, so lautet das Motto einer solchen im Rahmen des geltenden Kirchenrechts verbleibenden Reform. Ziel ist es, die vom Recht möglichen, aber bisher nicht genutzten Handlungsräume auszufüllen, um das Bild der Kirche pluraler und bunter wirken zu lassen. Da die Bistumsverwaltungen bis vor Kurzem nahezu vollständig von Priestern und Männern geleitet wurden, erzeugt man mit der Berufung einer einzelnen Frau bereits gehörige Aufmerksamkeit. Umso mehr gilt das, wenn eine Frau zur Verwaltungsleiterin der gesamten Diözesanverwaltung bestellt werden sollte, wie dies im Erzbistum München und Freising zumindest als Möglichkeit im Raum steht.

Nichts ist gegen solche Maßnahmen einzuwenden, im Gegenteil. Aber keiner sollte sich der Illusion hingeben, damit wären Strukturen grundlegend verändert und die »Kuh vom Eis«. Frauen in Verwaltungspositionen einer Diözese zu bringen, ist ein theologisch und kirchenrechtlich auch gegenwärtig schon völlig unproblematischer Schritt, stellt aber keine grundsätzliche Verbesserung der Ungleichbehandlung der Geschlechter in der Kirche dar. Amtliche und damit Priestern vorbehaltene Vollzüge bleiben selbstverständlich weiterhin dem nur von Männern ausgeübten geistlichen Amt vorbehalten. Und bisher spricht nichts dafür, dass diese Art von Frauenförderung ein erster Schritt auf einem längeren Weg wäre, der Frauen den grundsätzlichen Zugang zu allen Positionen in der Kirche ermöglichen würde.

Nochmals: Es ist überfällig und richtig, dass endlich auch Frauen in den Schul- oder Pastoralabteilungen der Ordinariate Dienst tun. Aber das höhere Gesetz dieses Dienstes spricht weiterhin eine geschlechterdiskriminierende Sprache. Bildhaft gesprochen: Der Rahmen des Spielfeldes und die Regeln des Spiels werden nicht infrage gestellt, auch wenn Frauen die eine oder andere Rolle im laufenden Spiel übernehmen. Zu warnen ist deshalb vor Euphorie am falschen Ort. Dass Bischöfe, die auch Frauen auf diese Positionen berufen, als besonders vorausschauende und mutige Frauenförderer gelobt werden, befremdet mich. Dafür wäre an ganz anderer Stelle Mut von ihnen erforderlich.

So wie dieses Beispiel gibt es andere, die eher Ersatzreaktionen als wirkliche Auswege aus der grundlegenden Krise der Kirche sind. Eine Beobachtung, die man machen kann, ist die »Klerikalisierung« von Laien. Sie bekommen, wo es wegen des Priestermangels einfach nicht mehr anders geht, Aufgaben zugesprochen, die bislang Priester innehatten. So dürfen sie Beerdigungs- und auch Tauffeiern vorstehen. Pastoralreferentinnen und -referenten übernehmen immer öfter den Predigtdienst im Sonntagsgottesdienst. Sie ziehen dann und wann im liturgischen Gewand mit dem Priester in den Altarraum ein und geben der Gemeinde das Signal: Für euch ist gesorgt, es geht weiter, trotz abnehmender Weihezahlen. Seit Kurzem werden, was in der Schweiz schon lange gängige Praxis ist, auch in Deutschland Laien zu Gemeindeleitern eingesetzt – mit einem »moderierenden Priester« im Hintergrund. Das sind Notlösungen und Hilfskonstruktionen, um trotz des Mangels an geweihten Priestern das gemeindliche Leben nicht zum Zusammenbruch kommen zu lassen.

Was wir brauchen: geweihte Frauen statt Lückenbüßer

Ja, es öffnen sich in diesem Zuge für Laien und auch für Frauen Handlungsräume, die es bisher nicht gab. Aber nein – diese Räume erhalten sie nicht auf der Basis der Überzeugung, dass Frauen und Männer in gleicher Weise fähig wären zum geistlichen Amt, sondern aufgrund einer »Mangelsituation«. Weil es nicht anders geht und dann besser noch eine Frau oder ein männlicher Laie einspringen sollte, als dass die Gemeinde unversorgt bleibt. Anstatt den Zugang zum Weiheamt zu erweitern, klerikalisiert man die Laien. Sie dürfen plötzlich »ein bisschen« Priester sein, so tun, als ob, einspringen an Stellen, an denen nicht unbedingt die Weihe erforderlich ist.

Für keinen der kirchlichen Berufe ist das gut. Es verwirrt und sorgt für Rollenunsicherheiten bei den handelnden Akteuren und bei der Gemeinde: »Ja, wenn der Pastoralreferent so wunderbar predigen kann, die Gemeindereferentin so gut beerdigt, wofür brauchen wir denn unbedingt den Priester?!« Die Idee eines geweihten Amtes nimmt Schaden und verliert an Plausibilität. Denn in den Augen der Gläubigen treten die Unterschiede zwischen Geweihten und Nicht-Geweihten in den Hintergrund. Und für die betroffenen Priester und Laien ist es ebenfalls unbefriedigend. Sie können sich nicht mehr auf ein Rollenmuster verlassen, das im allgemeinen Bewusstsein der Gemeinde gekannt und nachgefragt wird. Die seelsorglich-pastoralen Rollen werden erst in der konkreten Aushandlung zwischen den lokal Beteiligten verfertigt. In einer Institution aber, die mit dem Transzendenten umgeht und die keine andere Währung kennt als Vertrauen und Glaubwürdigkeit, ist mangelnde Erwartungssicherheit hinsichtlich der handelnden Personen und ihrer Kompetenzen und Befugnisse ein ernstes Problem.

Was zunächst nach Flexibilität aussieht, entpuppt sich auf lange Sicht eher als problemverschärfend. Es ist ein falscher Trost, der allenfalls dem Einzelnen eine persönliche Perspektive bietet, allerdings auf Kosten des langfristigen Wohls der Glaubensgemeinschaft und ihrer strukturellen Heilung. Um es auf den Punkt zu bringen: Ja, als verheirateter Mann könnte ich in dieser Kirche heute schon um die Diakonenweihe bitten. Es gäbe sicher eine gute Verwendung für mich, ich könnte meine Fähigkeiten einsetzen, der Gemeinde wertvolle Dienste leisten und Priester und Pastoralteam entlasten. Ein bisschen hätte ich Anteil und könnte mitwirken am amtlichen Handeln der Kirche. Und vielleicht wäre ja sogar auf die baldige Einführung der sogenannten *viri probati* zu hoffen, männlicher Laien, die bei Notlagen zu Priestern geweiht werden könnten ... So weit, so gut. Für mich persönlich, als Mann. Aber wie sollte ich dies meiner Frau gegenüber rechtfertigen? Sie ist ebenfalls Theologin, nicht minder qualifiziert und engagiert, ihr steht dieser Weg aber nicht offen, nur weil sie eben eine Frau ist. Wieder wären es die Männer, die zum Zuge kommen, nun als »Krisengewinnler«.

6.
Von den Hirten verlassen

Die Kritik vieler Kirchenmitglieder kennt einen Adressaten, die Kirchenleitung – Bischöfe sowie die ihnen unterstellten, im bischöflichen Auftrag handelnden kirchlichen Behörden. Solche Kritik darf man aber nicht missverstehen. In den allermeisten Fällen ist diese »Kirchenkritik von innen« keine Totalkritik, mit der das Bischofsamt generell oder gar die Leitungsfunktion in der Kirche bestritten würden. Die Kritik bezieht sich nicht auf das »Dass«, sondern auf das »Wie«. Es braucht eine ordnende, manchmal schlichtende, moderierende und auch orientierende Instanz, darin sind sich die allermeisten einig. Diese Leitung soll ihre Aufgaben aber auf eine Weise wahrnehmen, die im Sinne der Sache erfolgt und den wirklichen Bedürfnissen des Gottesvolkes entspricht.

Es gibt große Zweifel, ob die Inhaber zentraler Leitungsämter innerhalb einer Organisation, die nach den Prinzipien der absolutistischen Monarchie funktioniert, das zu leisten vermögen. Was heißt es eigentlich, eine Kirche zu »leiten«, wenn deren Führungspersonal »absolut« herrscht, also losgelöst von der Legitimation durch die Adressaten des Führungsanspruchs? An dieser Stelle werden sich Stimmen erheben, die betonen, wie sehr doch bischöfliches Handeln an seinen Adressaten orientiert sei.

Als »Hirtenamt« sei es gerade Aufgabe des Bischofs, für die Einheit der Gläubigen zu sorgen, indem er den Christusglauben in seiner Lehre schützt und bewahrt und die Ortskirche als praktizierende Gemeinde zusammenhält.

Eine pastorale und geistlich-spirituelle »Führungsverantwortung« wird aber in der heutigen Kirche mit der Leitungsfunktion für die religiöse Organisation auf höchst problematische Weise »kurzgeschlossen«. Während sich Ersteres einer demokratischen Kontrolle entzieht, ist eine gewaltenteilig organisierte Kontrolle für das institutionelle Gefüge der Kirche dringend notwendig. Denn das religiöse Gemeinwesen kennt ähnlich wie das politische Gemeinwesen eine Vielzahl an sozialen Rollen, Befugnissen und Funktionen, Instanzen und behördenähnlichen Aufgaben. Diese alle müssen miteinander auf eine Weise »ins Spiel« gebracht werden, welche dem Anliegen treu bleibt, aber auch dem Einzelnen gerecht wird. Dafür braucht es nachvollziehbare und transparente Regeln. Wo die Einhaltung dieser Regeln aber nicht kontrolliert und Regelverletzungen nicht sanktioniert werden können, gleitet die strukturierte Ordnung leicht in eine Willkürherrschaft ab.

Die Kirche leistet sich einen fulminanten Anachronismus. Sie vermengt geistlich-pastorale und organisationelle Führungsrollen. Der Bischof ist im religiös-geistlichen Sinne Repräsentant Christi, und ihm wird damit auch die monarchische Rolle als Führer des religiösen Gemeinwesens zugeschrieben – »aufgrund göttlicher Einsetzung« (Can. 129/1) mit der ungeteilten Machtfülle der *potestas regiminis* (im Deutschen milde übersetzt als »Leitungsgewalt«). In der Zeit, in der sich das bischöfliche Amt in der Kirche herausgebildet hat, war dies unter Umständen plausibel. Der Gesellschaft der Spätantike waren diejenigen

Überlegungen zur Legitimation und Begrenzung von Herrschaft noch fremd, die uns heute nicht nur selbstverständlich erscheinen, sondern die wir auch ethisch-moralisch für notwendig erachten. Unter Verweis auf die Argumente von »Tradition« und »Kontinuität« verharrt die Kirche mit einigem Selbstbewusstsein bei dieser Ungleichzeitigkeit. Sie behauptet sogar, damit einer theologischen Logik Genüge zu tun. Von außen betrachtet aber würden Politologen und Sozialwissenschaftlerinnen wohl vom System eines religiösen Autoritarismus reden, wenn sie das Herrschaftsregime der Kirche beschreiben sollten.

Wie leitet man eine solche Kirche? Was ist von ihren Führungsfiguren verlangt? Und was macht das faktische Führungsverhalten mit den Kirchenmitgliedern? Das sind Fragen, die vor diesem Hintergrund gestellt werden müssen. Viel befremdendes Agieren der Bischöfe wird dann verständlicher oder zumindest nachvollziehbar. Akzeptabler wird es deswegen nicht.

Verantwortung übernehmen, statt in Betroffenheit zu erstarren

Es ist überall das Gleiche. Gerät die Führung unter Druck, zeigt sich ihr wahres Gesicht. Eine Führungskultur wird erkennbar und es lässt sich sehen, welche Verfahren und Standards üblich sind. Die interessante Frage ist nun: Wozu sieht sich die Kirchenleitung verpflichtet, was hält sie für überflüssig? Der Missbrauchsskandal ist deswegen nicht, wie das Vorurteil lautet, ein Aufhänger für die immer schon vorgetragene Kirchenkritik. Er hat – und es ist furchtbar, das sagen zu müssen – offenbarenden Charakter. Grenzüberschreitungen gegenüber anderen, zum Teil gegenüber Schutzbefohlenen, die im kirchlichen Raum vorfallen und menschliche Existenzen tief verletzen, zwingen zu einer offiziellen Reaktion.

Wie die Kirche darauf reagiert, zeigt deutlicher als kaum irgendwo, wie sehr sie sich ihrem Auftrag verpflichtet sieht. Dieser Auftrag lautet, von der biblisch bezeugten Menschenfreundlichkeit Gottes, seiner Barmherzigkeit und dem Ruf zur Gerechtigkeit zu sprechen, und, mehr als das, sie beispielhaft vorzuleben. Im Fall des Missbrauchs würde das doch bedeuten: schonungslose Aufklärung, vorbehaltlose Zusammenarbeit mit den staatlichen Behörden, Transparenz gegenüber Gläubigen und Gemeinden darüber, wie man mit bekannt werdenden Fällen umgeht.

Vieles ist in Bewegung geraten, vor allem seit der sogenannten MHG-Studie zum Missbrauch der vergangenen Jahrzehnte, die von den deutschen Bischöfen selbst in Auftrag gegeben wurde. Alle Bischöfe zeigten sich ernsthaft betroffen und bemüht, die Lehren aus den bekannt gewordenen Fällen zu ziehen. Nicht mehr ganz so viele der deutschen Bistümer aber unternehmen wirklich nachhaltige Schritte, um etwa die Kooperation mit den Staatsanwaltschaften einheitlich und verbindlich zu gestalten und einen bistumsübergreifenden Austausch zu Tätern und Strafmaßnahmen aufzubauen. Und kaum Einigkeit gibt es darüber, wie man die tieferen Ursachen dafür bearbeiten könnte, dass es überhaupt zu Missbrauch in der Kirche kommt. Die Sexualmoral ändern – aber wie? Über den Zölibat diskutieren – mit welchem Ziel? Machtstrukturen verändern – aber wo beginnen?

Gerade die Frage nach der Macht hat es in sich. Dass Menschen Fehler machen, wird auch die Kirche nicht verhindern können. Aber jede Institution und jede Gemeinschaft hat eine Verantwortung dafür, wie mit diesen Fehlern und mit der Fehleranfälligkeit von Menschen umgegangen wird. Die These dieses Buches lautet: In der Institution Kirche haben sich eine Machtpraxis und ein Machtverständnis etabliert, die dazu führen, dieser Verantwortung nicht ausreichend gerecht zu werden. Über Jahrzehnte gab es noch nicht einmal ein Bewusstsein für das Gewicht dieser Fehler. Heute, gedrängt durch die öffentliche Debatte, stolpert die Kirche der Aufarbeitung dieser Fehler hinterher und offenbart darin, woran sie so sehr krankt.

Fehler haben keine Folgen

Ein konkreter Fall aus der Realität eines Bistums, dessen Leitung man als aufgeschlossen und dialogfähig bezeichnen kann, zeigt das sehr deutlich. An diesem Beispiel wird vieles sichtbar, was auch anderswo ein Problem bildet. Es ist deshalb typisch für die Situation der katholischen Kirche und soll hier kurz vorgestellt werden.

Im Dezember 2018 macht ein nordwestdeutsches Bistum öffentlich, dass ein heute 86-jähriger Priester von den 1970er- bis 1990er-Jahren Jugendliche sexuell missbraucht haben soll. Zunächst werden zehn Fälle bekannt, die an den unterschiedlichen Einsatzorten des Priesters in verschiedenen Gemeinden im Emsland geschehen sein sollen. Später melden sich weitere Opfer. Bereits 1997 wurde der Priester von seinem Bischof des Amtes enthoben und in den vorzeitigen Ruhestand versetzt. Er siedelte in die Nähe der Domstadt über, in seine alte Heimatgemeinde. Dort allerdings wurde er wieder pastoral tätig, als aushelfender Priester in der Pfarrgemeinde, mit dem besonderen Auftrag der Seniorenseelsorge.

Diese Versetzung in den Ruhestand erfolgte aufgrund von Gerüchten, die an den Pfarrorten aufkamen, an denen er bis dahin wirkte. Eine Maßnahme wie die vorzeitige Pensionierung eines aktiven Pfarrers ist allerdings kein Schritt, den ein Bischof beim Priestermangel, der auch Ende der 1990er-Jahre bereits bestand, leichtfertig ergreifen würde. Die Gerüchte müssen also stichhaltig gewesen sein. Auch ist zu berücksichtigen, dass Opfer sexuellen Missbrauchs aus Scham und Selbstschutz es oftmals scheuen, an die Öffentlichkeit zu gehen. Oder sie verschweigen das Geschehene aus Angst, ihnen werde ohnehin kein Glaube geschenkt. Es ist deswegen nicht nachvollziehbar, wie sorglos der Bischof mit den Vorkommnissen augenscheinlich umging. Der Priester wird versetzt, er darf weiterhin in der Pastoral tätig sein. In meinen Augen ist dies ein Vertrauensbruch gegenüber der neuen Gemeinde, in die er übersiedelte und wo er weiterhin tätig war: Sie wird über den Hintergrund des vorzeitigen Ruhestands und die Ankunft des neuen Aushilfspfarrers vom Bischof nicht informiert.

Wie muss sich das heute für Eltern anfühlen? Die kirchlich Verantwortlichen nehmen sehenden Auges das Risiko in Kauf, dass der unter dem Verdacht des sexuellen Missbrauchs stehende Priester im pastoralen Kontakt zu ihren Kindern oder Jugendlichen wiederum zum Täter wird. Die Verantwortlichen wissen um das Risiko und verschweigen es den Eltern der Gemeinde. Und es kommt noch schlimmer: Der Bischof ernennt während zweier Zeiträume, in denen der reguläre Pfarrer der Gemeinde aus gesundheitlichen Gründen sein Amt nicht ausüben kann, den Verdächtigen zum »Pfarradministrator« – also zum Ersatzpfarrer mit voller Verantwortung und allen pfarrerlichen Rechten. In dieser Zeit war er nicht nur in der Seniorenpastoral tätig, sondern auch in der Erstkommunionkatechese.

Ein Fall, der zu denken gibt. In einer Stellungnahme vom November 2018 zeigt sich der betreffende Bischof einsichtig und selbstkritisch, gesteht gravierende Fehler, die von der Bistumsleitung begangen wurden. Auch die aus heutiger Sicht vollkommen unverständliche Beförderung zum Pfarradministrator verschweigt er nicht.

Besonders pikant erscheint, dass der Betreffende noch im Jahr 2011 zum zweiten Mal zum Pfarradministrator ernannt wurde – nachdem auf Ebene der Deutschen Bischofskonferenz spätestens seit dem Jahr 2010 über das Missbrauchsthema gesprochen wurde und der Bischof also sensibilisiert gewesen sein müsste. Weshalb dann die erneute Beförderung in verantwortliche Stellung? Bei Lichte besehen ist das empörend. Weitere Opfer, so gibt das Bistum bekannt, seien ermutigt worden, ebenfalls das Schweigen zu durchbrechen. Der Mann habe die Taten inzwischen eingeräumt, der Bischof habe jetzt disziplinarische Maßnahmen gegen den Priester verhängt und die Fälle an die Staatsanwaltschaft übergeben. Ermittlungen allerdings gebe es nicht, da die Taten verjährt seien, hieß es.

Mit zweierlei Maß messen: für die Kirche kein Problem?

Der hier geschilderte Fall ist kein Einzelfall. Mit dem Blick auf ein Beispiel sollen nicht andere Fälle, nur weil sie vielleicht länger zurückliegen oder weil die betreffenden Bischöfe sich nicht offen zu ihrer Schuld bekennen, entschuldigt werden. In vielen anderen Diözesen ist Ähnliches vorgekommen. Nicht alle kommunizieren so offen wie dieser Oberhirte es immerhin tut. An diesem Fall wird die grundsätzliche Problematik in aller Deutlichkeit sichtbar. Der Bischof gesteht sein Fehlverhalten im Amt. Mit seinem Handeln ging er das hohe Risiko ein, Straftaten geschehen zu lassen, die gravierende menschliche Folgen haben und das Zeugnis der Kirche massiv verdunkeln. In weltlicher Rechtssprache würde man sagen: Es ist ein grob fahrlässiges Verhalten des Bischofs. Aus der Diözesanverwaltung kommt offenbar kein Einspruch – Personalabteilung und Generalvikar müssen in solche Personalentscheidungen eingebunden gewesen sein, mehr noch, sie sind dort vorbereitet worden. Ein ganzes System also handelt hier in einer Weise, die, aus der Distanz betrachtet und wenn man die Rhetorik der Zerknirschung abzieht, in hohem Maße befremdet. Dass dies gerade in einem als reformorientiert geltenden Bistum mit einem theologisch aufgeschlossenen Bischof auffällt, zeigt, wie tief im System die Problematik wurzelt.

Der Bischof persönlich meint es gut, seine Reue darf man ihm abnehmen. Aber er scheint sich nicht bewusst zu sein, wie wenig die persönliche Haltung gegenüber den institutionellen Spuren, in denen er als Amtsträger steht, ausrichten kann. Er als Person ist schwach gegenüber der formativen Kraft der Strukturen, in denen er sich wiederfindet und denen er nicht entkommt – so menschlich und nahbar seine Äußerungen auch sind. Das Problem ist: Seine Reue wird kaum Folgen haben. Er muss nicht, wie dies anderswo auch bei juristischer Verjährung durchaus der Fall wäre, »politische Verantwortung« übernehmen, sein Amt zur Verfügung stellen. Er kann es sich leisten, um Vergebung zu bitten, Schuld einzugestehen und gleichzeitig sein Amt weiter ausüben. Auch innerhalb der Verwaltung seines Bistums kann alles so bleiben, wie es war. Es gibt schlicht keine Instanz, welcher die Kirchenführung verbindlich rechenschaftspflichtig ist oder gewesen wäre. Der Bischof war und ist als der »Ordinarius«, so die kirchenrechtliche Bezeichnung, Inhaber der einen Leitungsgewalt in ihrer ausführenden, rechtsprechenden und gesetzgebenden Gestalt. Die so offen bekundete Reue wird sich für viele Kirchenmitglieder schal anfühlen, weil eben nicht sichtbar ist, wie solche Fehler künftig strukturell ausgeschlossen werden können. Wie ist gewährleistet, dass gravierende Verdachtsmomente eine verbindlichere Personalführung zur Folge haben? Wie können Priester in ihren Gemeinden jenes Vertrauen genießen, das sie für ihre Tätigkeit fringend benötigen? Durch das intransparente Handeln der Kirchenleitung ist das bei vielen empfindlich gestört. Wodurch ist garantiert, dass die Personalverantwortlichen – Bischof, Generalvikar, Personaldezernent – ihr fehlerhaftes Handeln verbindlich rechtfertigen und für Fehler verbindlich Verantwortung übernehmen müssen?

Aber schließlich auch: Wie können vermeintliche Täter mit Rechtssicherheit rechnen? Auch sie sind dem heute so, morgen so ausschlagenden Handeln ihrer Leitungsverantwortlichen ausgeliefert. »Rechtssicherheit« bezieht sich auf Verantwortliche, aber eben auch auf Täter und Verdächtige, denen die Institution ebenfalls mit größtmöglicher Transparenz zu begegnen hat, gerade wenn drastische Maßnahmen wie Amtsenthebung und Berufsausübungsverbote im Raum stehen.

Der hier erwähnte Fall zeigt mit erschreckender Deutlichkeit, wie sehr jene rechtsstaatlichen Standards fehlen, die wir als Bürgerinnen und Bürger des demokratischen Verfassungsstaates gewohnt sind. Eine Kirchenleitung, die es wohl gut meint, macht gravierende Fehler, weil diese Standards innerhalb der Kirche fehlen. Keiner hat sich bisher nachhaltig dafür eingesetzt, diese

Strukturen zu verbessern. Kein Bischof, auch die sogenannten »Reformer« nicht, hat bislang eine Initiative gestartet, um die eigene Macht einer gewissenhaften und vor allem verbindlichen Kontrolle zu unterwerfen. Zu »heilig« erscheinen ihnen wohl die Strukturen, denen sie ihr Amtskleid verdanken. Das Kalkül ihrer Amtsführung wird lauten: »Ich selbst aber mache es anders, besser, und dann soll das ein Zeichen sein!« Dies ist eine ehrenwerte Haltung, aber keine für die Verbesserung der Kirche hinreichende Maßnahme, so viel wird mit dem Missbrauchsskandal vor aller Augen sichtbar.

Die Folgen sind verheerend. Auch die Treuesten der Treuen unter den Kirchenmitgliedern werden kalt erwischt. Man lässt sie ganz allein im Regen stehen – sie, die über Jahrzehnte in KAB und Frauengemeinschaft, bei Kolping und in den vielen ehrenamtlichen Kirchendiensten das Rückgrat des Gemeindelebens bildeten. Sie verstehen es nicht, dass im alltäglichen Miteinander, in Geschäfts- und Berufsleben ein Verständnis von Rechenschaft und Verantwortlichkeit gilt, das in der Kirche selbst bei den schlimmsten Verbrechen offenbar nicht vorhanden ist. Für sie, bisher stets zu Engagement und auch Loyalität bereit, bricht eine Welt zusammen. Diese Menschen sind es, denen man ihre Kirche wegnimmt – Kirchenverlust auf dem »kalten Weg«, durch Leitungsversagen.

Was wir brauchen: Leiter, die wissen, für wen sie da sind

Vor Kurzem begann die Erstkommunionvorbereitung einer unserer Töchter mit einem Familientag. Bei einem Austausch der Eltern meinte dort ein Vater: »Ich will die Erstkommunion für mein Kind, weil Kirche für mich eh nicht das ist, was oben läuft, sondern die Gemeinde vor Ort.« Man kann das so sehen, vielfach hat man gar keine andere Wahl. Aber keiner gebe sich Illusionen hin. Dass der Vater so formuliert, ist Folge einer dramatischen Krise, die in anderen Sozialkörpern schon zum Kollaps geführt hätte. Die amtlichen Strukturen repräsentieren für viele schon längst nicht mehr, was die Kirche eigentlich ausmacht. Eine freidrehende Leitungsstruktur aber, die von der eigentlichen Erfahrungsebene der Menschen entkoppelt ist, wird zum Problem. »Leitung« wird zwar in feierlichen Liturgien und im gesellschaftlich-politischen Protokoll rituell inszeniert, aber sachlich nicht wahrgenommen, weil man mit den Adressaten dieser Leitung nicht mehr organisch verbunden ist. Dass viele Bischöfe integre Personen und persönlich angenehme Menschen sind, ist dabei kein Trost. Besonders schmerzhaft wird das gerade bei jenen Bischöfen empfunden, die »es gut meinen«, denen man den Reformwillen abnehmen darf.

Es ist nicht mehr weit, bis Gläubige die Lage mehrheitlich so deuten wie vor einiger Zeit eine Frau, die in der Talksendung bei Sandra Maischberger zu Gast war: »Ihr macht uns die Kirche kaputt!« Gemeint sind Bischöfe, die mit ihrer Machtfülle im politischen Sinne als der Souverän der Kirche zu bezeichnen wären, sich aber offenbar nicht in der Lage sehen, diese Kirche verantwortungsvoll zu reformieren, sodass Gläubige in einer Art Verzweiflungshoffnung auf den Papst setzen müssen. Wo der grundsätzliche Spurwechsel, der in einer hierarchischen Organisation wie der Kirche von oben ausgehen muss, ausbleibt, gibt es Leidtragende. Das sind, oft vergessen, auch viele engagierte Priester, die nach bestem Wissen und Gewissen und mit einem Einsatz an der existenziellen Schmerzgrenze gegen die äußeren Rahmenbedingungen zu retten versuchen, was zu retten ist. Und es sind die Laien, das »Kirchenvolk«, die gläubigen Menschen, diejenigen, die eigentlich Kirche »sind«.

Wo Kirchenleitungen ihrer Verpflichtung nicht nachkommen, wirklich zu reformieren, statt immerzu nur von ihren Reformabsichten zu sprechen, werden sie schuldig am eigenen Kirchenvolk, an den Gläubigen. Zulassen, zaudern und zögern – das ist leider charakteristisch für die Haltung der Kirchenleitungen, nicht die aktive Gestaltung der Krise. Es scheint an einem Amtsverständnis zu liegen, in dem das »Bewahren«, die Kontinuität, die »Treue zur Tradition« und die »Einheit« allerhöchste Wertschätzung genießen und darüber völlig vergessen wird, wie sehr auch die Kirche in der Zeit steht, ihrem Wandel ausgesetzt ist und aktiv gestaltet werden muss.

Auch wenn Journalistinnen und Journalisten von den Gepflogenheiten berichten, die etwa bei den Versammlungen der Bischofskonferenz herrschen, drängt sich der Eindruck auf: Hier begegnet man hohen Verantwortungsträgern, die von einer Art »Ewigkeitsbewusstsein« eingenommen sind – in der stillen Annahme, die Kirche und ihre sakrosankten Strukturen gebe es immer schon und werde es auch immer geben, komme da in Zeit und Geschichte, was wolle. Daraus erwächst ein vollkommen anderes Verständnis von der eigenen politischen Rolle, als es etwa für die Politiker des Staates prägend ist. Diese müssen sich selbst und ihre Stellung ganz konkret erarbeiten und rechtfertigen, und zwar durch ihr gutes Tun für die Gesellschaft.

Vernimmt man so manches Statement hoher Kurienkardinäle, fragt man sich, in welcher Welt sie leben. Ihre Kritik etwa an der Debatte zu Missbrauchskrise und Kirchenreformen gleicht einer wüsten Beschimpfung derer, für die sie doch ein kirchliches Amt innehaben. Für welche Herde wollen sie eigentlich Hirten sein? Diejenigen, die dafür infrage kommen, stehen immer weniger zur Verfügung. Man könnte sich in Ironie retten, wenn es nicht so dramatisch wäre. Es gibt Menschen, und das sind nicht wenige, die ihren guten Glauben und viel Einsatz mitbringen, um Kirche zu sein. Und es gibt andere, die wären ansprechbar und könnten gewonnen werden für eine Kirche, die der christlichen Botschaft nicht im Wege steht, sondern sich in ihren Dienst stellt.

Solche Menschen treffen auf eine reale Kirchenpraxis, in der sie zwar eine ganze Wegstrecke lang einiges tun und sich einbringen können. Aber dann geschehen Dinge, die mit einem Mal sichtbar machen: Hier ist noch eine ganz andere Logik am Werk, gar nicht biblisch inspiriert, sondern aus sehr zweifelhaften Motiven und oft aus Zufällen ins kirchliche Erbgut geraten. Es sind gläserne Decken, an die man stößt, will man daran arbeiten. Und es sind Abgründe, die sich auftun, wenn die Kirchenleitungen auf größten Druck dann doch ihr Versagen eingestehen müssen. Kirchenverlust durch Leitungsversagen, das heißt, man ist plötzlich zurückgelassen von der sonst so lebendig vermittelten Sorge der Hirten für ihre Herden. Der Boden, auf dem man meinte, zu stehen und Kirche sein zu können, wird einem unter den Füßen weggezogen.

7.
»Ecclexit« oder der tote Winkel des Glaubens

Solange ich mich erinnern kann, ist die Kirche in der Krise. Zunächst, in den 1970er-Jahren, gibt es Krise, weil die Früchte des II. Vatikanischen Konzils (1962–65) nicht so schnell reifen, wie es sich viele erhofft hatten. Aber ebenso: Auftrittsverbote für Reformgruppen auf den deutschen Katholikentagen! In den 1980er-Jahren geht es dann in den innerkirchlichen Grabenkampf. Reformer teilen gegen Konservative aus und umgekehrt. Eine Versöhnung scheint unmöglich, noch ferner aber ist das Bewusstsein, dass man im selben Boot sitzt und bald gemeinsam um den gesellschaftlichen Platz von Religion überhaupt wird kämpfen müssen. Ich erinnere mich an Predigten gegen die »modernen Theologen«, die angeblich das Tafelsilber der Tradition verscherbeln, an Lehrverbote und so manchen befreiungstheologisch inspirierten Appell zum »Aufbruch aus der Krise«.

Später, ab den 1990er-Jahren, schlägt dann der Priestermangel durch. Gemeindefusionen und die Schaffung »pastoraler Räume« sorgen für Enttäuschungen bei vielen aus dem inneren Kern der Stammgemeinde. Zwar wird der Katholizismus mit Weltjugendtagen und anderen vatikanisch orchestrierten

Globalevents zu einem Medienprodukt, das irgendwie zu den Bedürfnissen der weltweiten Konsum- und Wettbewerbsgesellschaft passt. Aber die Zahl derjenigen, die sich kirchlich engagieren oder für einen kirchlichen Beruf entscheiden, schrumpft auf ein Minimum. Priesterseminare mit einem intakten Betrieb, wie ich es in Münster in den Jahren 1991/92 bei meinen dort lebenden Kommilitonen noch erlebt hatte, gibt es so gut wie nicht mehr.

Seit meinen Studientagen erinnere ich mich an das Bewusstsein: Es ist jetzt wirklich fünf vor zwölf, wenn nicht schon später – höchste Zeit jedenfalls, dass irgendetwas passiert. Ansonsten fährt die Kirche an die Wand. Verbessert hat sich in mehreren Jahrzehnten kaum etwas, allenfalls hat sich die Situation verschlimmert. In Erinnerung kommen der Fall des damaligen, des sexuellen Missbrauchs überführten Erzbischofs von Wien (Hans Hermann Groër) sowie Proteste um die Bischofsernennungen in Köln (Joachim Meisner) und Chur (Wolfgang Haas). Seit bald zwei Jahrzehnten wird in einer damals noch nicht gekannten Weise über immer neu aufkommende Fälle von sexueller Gewalt und Missbrauch diskutiert. Daneben Affären wie die um den Limburger Bischof Tebartz-van Elst, der es mit dem Geldausgeben und wahrheitsgemäßen Angaben darüber nicht sonderlich genau nahm. Und vor Ort ganz konkret zu spüren: die immer weitere Ausdünnung des Personals in Pfarreien und Gemeinden. Die Krise ist so allgegenwärtig, dass wirklich die Frage aufkommt: Wann ist definitiv der Zeitpunkt gekommen, an dem es nicht mehr weitergeht?

Offenbar gibt es bei der Kirche an dieser Stelle eine andere Logik als anderswo. Wenn alle sagen, jetzt ist Schluss, geht es bei ihr immer noch ein Stück weiter. Es lohnt sich, dieser Beobachtung nachzugehen. Man kann fragen, woran das liegt. Gibt es etwas, das die Kirche von anderen Organisationen unterscheidet? Was macht es aus, Mitglied der Kirche zu sein? Und wenn dieser Unterschied existiert, gibt es dann auch ein anderes »Ende« dieser Mitgliedschaft? Was sollte die Kirche daraus lernen und welche Schlüsse darf sie auf keinen Fall daraus ziehen?

»Dann geh doch rüber!«

Als Kirchenmitglied, das die Probleme und Skandale sieht, aber immer noch gläubiger Mensch bleibt, befindet man sich in einer schwierigen Lage. Vielleicht ist es der »tote Winkel« gläubiger Existenz. Damit ist Folgendes gemeint: Man kann – auch aus Überzeugung – nicht ohne die anderen seinen Glauben leben. Nicht ohne das, was man biografisch als Kirche erlebt hat, was die Traditionen des Alltags, des Jahresverlaufs und des Lebens prägt. Zur Kirche zu gehören ist für viele Menschen nicht eine Zugehörigkeit wie die Vereins- oder Parteimitgliedschaft. Nein zu sagen und auszutreten ist deswegen nicht in derselben Weise eine Option, wie dies anderswo längst normal wäre.

Die Kirchenkritik, von der in diesem Buch die Rede ist, kann man als eine »Kritik von innen« bezeichnen. Auch wenn sie noch so leidenschaftlich vorgetragen wird, darf sie über eines nicht hinwegtäuschen. Diejenigen, die sie äußern, tun das nicht in derselben Weise, wie man etwa die Regierung wegen einer bestimmten Maßnahme, eine Partei wegen ihres Programms oder den Sportverein wegen falsch investierter Mitgliedsbeiträge kritisiert. Diese Kritik an der Kirche geht tiefer. Sie ist existenziell, weil es um mehr geht als um einen kleinen Lebensausschnitt, ein bestimmtes Hobby oder spezielles Interesse, für das man den Verein braucht, in dem man sich mit Gleichgesinnten zusammentut. In der Kirche zu sein, rührt für viele ans Eingemachte. Da geht es ums Ganze, um die größeren Zusammenhänge, die Fragen, auf die man stößt, wenn man mit den eigenen Plänen und Wünschen nicht weiterkommt. Um eine Perspektive, die man nirgendwo sonst findet, wenn nicht in der Religion. Eine Perspektive, welche die eigene Person als Ganze betrifft.

Jede und jeder, dem der Glaube wichtig ist, wird das unterschiedlich ausfüllen und in Worte fassen. Manche werden vielleicht auch gar keine Worte dafür finden. Die evangelische Theologin Dorothee Sölle hat einmal eines ihrer Bücher so überschrieben: »Es muss doch mehr als alles geben«. Das gibt einiges von dem wieder, was viele beim Glauben hält. Dass da eine Perspektive der Hoffnung spürbar wird, ohne die das Leben kaum zu leben wäre. Die zu Kräften führen kann, die man in sich nicht vermuten würde. Und dass das eine Perspektive ist, die man nicht einfach aus den Gesetzlichkeiten dieser Welt, ihrer oft brutalen Herrschaft aus Kapital, Konsum und Wettbewerb ableiten kann. Es ist eine leise Botschaft, für die kein Gläubiger »Beweise« anführen können wird. Aber es ist eine Botschaft, die einen doch auf eine stille, nachhaltige Weise so sehr bewegt und leben lässt, dass man darauf unmöglich verzichten kann.

In der Kirche zu sein, in der Kirche zu bleiben, auch wenn man von ihren Angeboten wenig in Anspruch nimmt, ist deswegen für viele ein ganz sensibles Thema. Man gewährt der Kirche über die Mitgliedschaft sozusagen Zutritt in einen inneren Bereich der eigenen Persönlichkeit, des eigenen Menschseins. Wir nennen diesen Zusammenhang abgekürzt eben einfach »Religion« oder »religiös sein«. Es handelt sich aber um einen höchst individuellen, ganzheitlich »verschalteten« und deswegen verletzungssensiblen Kernbereich menschlicher Existenz.

Und das gilt übrigens für weit mehr Menschen als nur die sogenannten »Praktizierenden«. Auch viele der gering geschätzten »Taufscheinchristen« – also diejenigen, die nur einmal im Jahr in den Gottesdienst gehen und auch sonst nicht viel vom kirchlichen Betrieb mitbekommen – haben oft eine sehr bewusste Entscheidung getroffen, wenn sie weiterhin Kirchenmitglied bleiben. Sie wollen zumindest »Anschluss halten« an den Grundstrom religiöser Praxis, auch wenn sie diese zeitweise oder langfristig an andere delegiert haben. Kann man sie deswegen ignorieren oder links liegen lassen, wie mancher Bischof in sogenannten 90/10-Gleichungen (90 % Kirchenferne, 10 % aktive Mitglieder, an denen man sich ausrichten solle) es tut? »Viele Menschen warten nicht auf das Hochamt am Sonntagmorgen«, so lässt sich einer der jüngeren deutschen Bischöfe zitieren. Es soll eine stärkere Konzentration auf die Verbleibenden gesucht werden. Solche verbalen und konzeptionellen Ausgemeindungen halte ich für wirklichkeitsfremd und falsch. Ich meine, das wird dem Phänomen des religiösen Glaubens an sich und vielen dieser Menschen nicht gerecht. Auch jene, die sich nicht mehr oder kaum mehr im Gottesdienst sehen lassen, aber dennoch an ihrer Kirchenmitgliedschaft festhalten, geben etwas von sich preis, vertrauen der Kirche eines der menschlichsten Grundbedürfnisse an, das man sich vorstellen kann und das wir »Religion« nennen.

Doch zurück zur Frage, wie man in der Kirche Mitglied ist. Jenseits aller kämpferisch vorgetragenen Kirchenkritik ist es ein scheinbar unauflösbares Paradox – dass man bestehende Strukturen mit ihren lebensfeindlichen Effekten zutiefst ablehnt, aber dennoch nicht von der Kirche lassen kann. Gläubige sind nicht frei in ihrer Solidarität zur Kirche, denn sie sind durch ein existenzielles inneres Band der Sache verpflichtet, für die die Kirche steht. Und es kommt noch etwas anderes hinzu. Ich erinnere mich an politische Debatten der 1980er-Jahre, vor der Öffnung der Mauer und dem Ende des Ost-West-Gegensatzes. Kritisierten Westdeutsche damals die politischen Verhältnisse in der Bundesrepublik Deutschland, fingen sie sich manchmal den Satz ein: »Dann geh doch rüber!« Gemeint war: Geh doch rüber in die DDR, wenn es dir hier nicht gefällt. Die Kritik sollte damit mundtot gemacht werden.

Man könnte den Vorschlag auf die Kirche übertragen. Lasst uns die Konfession wechseln, evangelisch werden oder zu den Altkatholiken gehen. Für Einzelne mag das eine Option sein. Aufs Ganze gesehen aber ist solch eine Haltung noch weniger ein wirklicher Ausweg, als er es politisch jemals gewesen ist. Man kann die katholische Kirche in der Regel nicht so einfach verlassen und sich eine andere Konfession aussuchen. Es gibt einen Zungenschlag auch in religiösen Dingen. Die katholische Kirche vertritt in Liturgie, Spiritualität und Kultur eine Tradition, die in der Summe die individuelle Religiosität wesentlich mitbestimmt. Solche Prägungen sind nicht einfach Beiwerk des Glaubens, sondern notwendige Ausdrucksformen, um den Glauben überhaupt praktizieren zu können. Die Umstiegsoption besteht deshalb nicht so einfach, wie man sich das auf dem Reißbrett vorstellen mag. Kein Kirchenführer sollte meinen, bestehende Strukturen wären nicht längst stärkerer Kritik ausgesetzt und viele auch hinweggefegt, gäbe es nicht diese in der Sache begründete Bindung, die in der Stunde der Not zu einer problematischen Passivität des Kirchenvolkes führt.

Lagerfeuer in der Ruinenlandschaft

Diese in der Sache des Glaubens begründete Passivität führt zu ganz unterschiedlichen Haltungen bei den Menschen, die grundsätzlich offen sind für Religion und Kirche. Da gibt es die, die sich längst abgewendet haben. Sie sind ausgezogen – aber woraus genau? Man hüte sich vor der schnellen Formel »ausgezogen aus der Kirche«. Richtiger ist wohl: Sie meiden den gegenwärtigen Kirchenbetrieb, weil sie sich über Grundsätzliches ärgern und weil es zu gegebener Zeit keine »Rückhalteanker« gab, also Personen, Gruppen oder Angebote, die ihnen eine persönliche Nische bieten und ihnen das Bleiben ermöglichen konnten. Diese Menschen dürfen nicht einfach nicht mehr dazugerechnet werden! Sie bilden die große Gruppe derer, die eigentlich Kirche bilden könnten und dazu meist auch bereit wären. In einer Allensbach-Umfrage von 2017 bekannten sich 65 % der Katholiken als »religiöser Mensch«, im Religionsmonitor von 2013 gab sogar jeder dritte Katholik an, mindestens einmal im Monat den Gottesdienst zu besuchen.

Wie locker auch immer das Band ist: Die Kirche ist mehr als die 8 bis 10 Prozent sonntäglich noch Praktizierenden. Denn viele haben zwar ihren Draht zur kirchlichen Praxis verloren, nicht aber ihren grundsätzlichen Wunsch, dass es die Kirche geben und der Glaube ihnen etwas bedeuten solle. Wie behelfen sie sich? Sie »delegieren« diesen angesichts der aktuellen Gestalt von Kirche und Religion unerfüllbaren Wunsch an andere, an die noch Aktiven: »Gut, dass es noch welche gibt, die da hingehen!« Eine solche Einstellung ist gar nicht selten und sie hat etwas zu bedeuten. Es ist ein Glauben-Lassen, das selbst als eine indirekte Weise des Glaubens wertgeschätzt werden kann, weil dahinter ein Wunsch – eine Intention – steckt. Es ist der Wunsch nach Kontakt mit jener anderen Wirklichkeit, für die Theologie und Kirche so perfekt klingende Formeln und Praktiken gefunden haben. Wo diese Formeln und Praktiken die Menschen aber nicht mehr treffen und »mitnehmen«, da ist das Glauben-Lassen oft der einzige Weg der Zugehörigkeit.

Dann gibt es diejenigen, die dabeigeblieben sind. Scheinbar unerschütterlich und enttäuschungsfest, so möchte man meinen. Aber auch hier sehe man genauer hin. Kirchenleitungen und Bischöfe sitzen schnell dem Trugschluss auf, die Verbliebenen seien nun wirklich die, die mit der Kirche weitgehend einverstanden sind. So einfach ist es nicht. Man kann nicht einfach gehen – zu sehr ist die kirchliche Praxis innerhalb der eigenen Biografie verwurzelt und hat diese geprägt. Nach der Enttäuschung über das, was die Kirche aus der Sache des Glaubens macht, wäre der Auszug so etwas wie eine freiwillige Selbstverstümmelung *on top*, die man sich sparen möchte oder für die schlicht und ergreifend die Kraft fehlt. So wechselt die Haltung, die sich bei denen ausmachen lässt, die weiterhin in der Kirche bleiben und sich engagieren, häufig zwischen den beiden Polen »Mundraub« und »Ruinenpflege«.

Bei vielen Älteren ist es auch die Macht der Gewohnheit und darin ein Gedanke von Treue – nicht so sehr der Kirche, sondern in erster Linie sich selbst gegenüber. Wenn man über Jahrzehnte katholisch praktiziert hat, wird man das nicht im letzten Lebensviertel plötzlich einstellen. Zu sehr ist man angewiesen auf Routinen und Verlässlichkeit. Wie sollte man sich nun auch plötzlich neue Ausdrucksformen oder Orte für den Glauben suchen? Schließlich verfügt man nicht über die Mobilität, die den jüngeren Generationen auch andere Möglichkeiten einer selbst zusammengebastelten Patchworkreligiosität bietet. So bewohnt man, und das gilt nicht nur für die Älteren, eben die Ruinen des existierenden Katholizismus. Und man weiß doch um dessen reale Lage. Man gibt das Seinige, hat aber keine wirkliche Erwartung, damit noch etwas verändern zu können. Vielleicht einen Funken Resthoffnung, dass es irgendwo und irgendwie ins Gewicht fällt, wenn man doch noch dabeibleibt. Eine Perspektive dafür gibt es aber nicht.

Es ist manchmal – besonders wenn man auf den deutschen Ordinariatskatholizismus schaut – auch eine noch recht fröhliche Resthoffnung. Schließlich verfügt man dank sprudelnder Kirchensteuereinnahmen über einige Infrastruktur. Das führt dazu, die Lage für stabiler zu halten, als sie wirklich ist. Aber das Ersatzheer der Hauptamtlichen und Arbeitsstäbe, die Betrieb suggerieren, wo die Basis fehlt, wird nicht wettmachen können, dass sich viele der verbleibenden Kirchenmitglieder in einer seltsamen inneren Spaltung befinden. Das, was die Institution einem da anbietet, nimmt man zur Kenntnis, aber man lässt es letztlich mit einer mehr oder weniger resignativen Passivität an sich vorbeiziehen.

Der eigene Fokus ist nunmehr darauf gerichtet, in der Ruinenlandschaft der ehemaligen Volkskirche hier und da noch ein Lagerfeuer zu finden, an dem man sich wärmen kann. Anders formuliert: Die Kirche wird nicht mehr zum Nennwert genommen – als das, was ihre Vorderen einem sagen, das sie sei. Sie ist das verlassene Gelände einer einstmaligen, von manchen noch erinnerlichen Lebendigkeit, zu der man nur noch im Modus des Vermissens Zugang hat. Aber hier und dort – auf Kirchentagen, beim Verbandswochenende, in der meditativ gestalteten Vorabendmesse etwa – verspürt man noch die Quellgründe dieser Lebendigkeit. An die hält man sich, sucht sie auf, bastelt sich aus ihnen eine eigene religiöse Überlebenspraxis zurecht. Man ist dankbar für die Priester und Hauptamtlichen, die diesen Bedarf bewirtschaften und dafür sorgen, dass die Rinnsale, aus denen man lebt, nicht ganz versiegen.

Man nimmt sich von dem, was noch da ist, was man unbedingt braucht, um sich mit der eigenen Glaubenssehnsucht über Wasser zu halten. Vieles muss man nun ausblenden, weil einem in der Situation der Not das Hemd näher ist als der Rock. Das gilt für die »großen« Fragen der Pastoral: Wie könnte denn überhaupt alles weitergehen? Was heißt es, missionarisch Kirche zu sein? Wie kann die Kirche wieder Boden gewinnen? Dafür ist unter den Bedingungen der religiösen Mangelwirtschaft kein Raum mehr. Wenn der Nachschub ausbleibt, lassen sich die verbleibenden Truppen irgendwann nicht mehr vom Mundraub abhalten. Man nimmt sich, was man braucht – ohne noch groß dafür sorgen zu können, wie es denn weitergeht oder wie überhaupt Zukunft möglich ist. Die Hoffnung stirbt zuletzt. Das ist für diese Situation wohl unmittelbar zutreffend. Und es soll gar nicht zynisch oder ironisch klingen.

Was wir brauchen: Kirche als echte Heimat

Wie scheitert eine Kirche? Nach welchem Modell muss man sich das vorstellen, deren Ende, von außen immer schon beschworen und mittlerweile auch von vielen Aktiven im Innern vorausgeahnt? Von manchen in meiner Umgebung wird es ganz offen als Option benannt: Diese Kirche muss scheitern, an die Wand fahren, zu Ende gehen – damit überhaupt etwas Neues entstehen kann. Es ist eine Position, die bis weit in die Kreise der kirchlich Aktiven und sogar der Hauptamtlichen verbreitet ist. Man wartet auf das Ende.

Aber ist es so einfach? Wird es mit der Kirche wirklich zu einem bestimmten Zeitpunkt einfach zu Ende gehen? Ich zweifle daran. Nun kann man die Frage ganz idealistisch und mit hehren theologischen Floskeln beantworten: Die Kirche wird es geben, solange Gott will; der Heilige Geist führt sie und macht aus ihr etwas anderes als eine normale weltliche Organisation; Krise und Niedergang sind Momente der Bewährung, in denen auch die Überzeugung bei den Treuen wieder wachsen wird etc. Diese und ähnliche Formeln sind mehr Ausdruck eines Wunsches und einer Hoffnung als realistische Erwartung. Eines scheint immerhin festzustehen: Als Christ und Gläubiger brauche ich die Gemeinschaft der Mitglaubenden, die sich Kirche nennt. Die Perspektive einer Welt ohne das Prinzip »Kirche« käme aus christlicher Sicht einer negativen Utopie gleich. Es wäre eine Welt ohne christlichen Glauben.

Hier geht es nun nicht um die ganz große Frage des Scheiterns an sich – ob es die Kirche eines Tages noch geben wird oder nicht. Mit der großen Frage wird nämlich eine viel wichtigere Perspektive überlagert. Es ist der Blick darauf, wie und nach welchem Modell die aktuelle Sozialgestalt der katholischen Kirche dem Ende entgegengeht, wenn die hier beschriebenen Prozesse anhalten. Im Ergebnis wird man das vielleicht »Scheitern« nennen müssen. Es ist aber wichtig zu sehen, wie der Weg dahin verläuft, um sich über die eigenen Handlungsmöglichkeiten Orientierung zu verschaffen.

Ein denkbares Modell des Scheiterns ist der Kollaps. Ein System kann seine lebenswichtigen Funktionen nicht mehr länger aufrechterhalten und bricht zu einem bestimmten Zeitpunkt zusammen, allenfalls angestoßen durch ein Einzelereignis oder innere Unruhen. Beispiel für solche Systemumstürze ist die politische Wende in Ost- und Mitteleuropa um die Jahre 1989/90. In den ehemals sozialistischen Volksrepubliken geht ein Herrschaftssystem definitiv zu Ende und es gibt die Situation eines Neuanfangs. Tabula rasa, Chance auf Veränderung und der Beginn einer neuen, demokratischen Zeitrechnung.

Oder wird die Neuerung in der Kirche von einer massenhaften Erhebung ihrer Mitglieder ausgehen? Die nicht mehr länger zu akzeptieren bereit sind, was man ihnen vorsetzt, und beschließen, auf die Barrikaden zu gehen und eine Neuordnung per Abstimmung »mit den Füßen« zu erzwingen? Es wäre das Modell der Revolution, bei der erster Impuls Empörung und Unzufriedenheit sind, ohne dass die revoltierenden Massen genau wüssten und sich einig darin wären, was genau folgen soll. Die Französische Revolution lief nach diesem Modell ab: Nicht die Demokratie stand als Ziel am Horizont, sondern in erster Linie die Beendigung des *Ancien Régime*.

Oder ist vielleicht der aus dem US-amerikanischen Politiksystem bekannte *Shutdown* ein Modell, das auch für die Kirche zutreffen könnte? Es ist die zeitweise Stilllegung der Bundesverwaltung. Die Behörden stellen ihre Tätigkeiten in weiten Teilen ein, und zwar solange, bis sich Präsident, Repräsentantenhaus und Senat auf einen neuen Staatshaushalt geeinigt haben. *Shutdown* bedeutet: Alles ruht, bis über eine neue, gemeinsam geteilte Perspektive befunden ist. Für unser Thema heißt das: Weil die Visionen der Kirche, die das offizielle Lehramt und das Kirchenrecht vertreten, so sehr von den Vorstellungen des Kirchenvolkes abweichen und zum Teil in einem Gegensatz dazu stehen, kommt es zu unermesslichen Reibungsverlusten in der alltäglichen Praxis von Kirche und Gemeinde.

Ich fürchte, alle drei Modelle lassen sich nicht auf die Kirche anwenden. Ebenso wenig, wie der stille Wunsch mancher meiner Theologenfreunde eintreffen wird: »Es muss erst einmal alles ordentlich an die Wand fahren!« Damit ist die Hoffnung auf klare Zäsuren verbunden, auf ein definierbares Scheitern, das den Verantwortlichen keine andere Wahl lässt als einzugestehen, dass es nicht weitergeht wie bisher. Es ist die nachvollziehbare, aber auch etwas romantische Sehnsucht der Aktiven nach einem hundertprozentigen, reinen Neuanfang. Es wird aber weder zum Kollaps noch zur Revolution und auch nicht zu einem kirchlichen *Shutdown* kommen. Und das aus unterschiedlichen Gründen.

Für den vollständigen Zusammenbruch »fehlt« bei den Kirchenmitgliedern schlicht und ergreifend die Hoffnungslosigkeit, die sich etwa in der Endphase der sozialistischen Staaten Osteuropas in den dortigen Gesellschaften breitgemacht hatte. In der Kirche hingegen trifft man auf ein ganz eigenartiges Dilemma. Die biblisch bezeugte Botschaft, wegen der es die Kirche überhaupt gibt, ist von einer solchen Bedeutungstiefe und weckt eine Lebendigkeit, dass sie Menschen trotz widrigster institutioneller Umstände berührt und bewegt. Menschen fühlen sich – zu Recht und auch dank der Kirche, in der diese Botschaft bewahrt und weitergetragen wird – angesprochen und ermutigt. Allerdings: Die Botschaft ist der Kirche nur anvertraut, sie »gehört« ihr nicht. Oft genug ist es sogar erforderlich, in ihrem Namen Verhältnisse in der Kirche, ja, die Kirche selbst zu kritisieren.

Durch diesen vertrackten wechselseitigen Bezug von Botschaft und Struktur ist es beinahe ausgeschlossen, dass die Kirche vor die Wand fährt und zum kompletten Neuanfang gezwungen wird. Ein nachvollziehbarer, aber auch ein verhängnisvoller Mechanismus. Auch die Revolution wird in der Kirche so, wie wir sie kennen, bis auf Weiteres nicht stattfinden. Denn neben dem Untertanenbewusstsein gegenüber Klerus und Kirchenleitung, das vielen Katholikinnen und Katholiken per Sozialisation eingeimpft ist, verhindert das Prinzip der geistlichen Schicksalsgemeinschaft eine Erhebung der Massen. Man revoltiert nicht gegen das, wovon man erhalten hat, woraus man lebt. Mit anderen Worten: So sehr man die Verhältnisse in der Kirche ablehnt, so sehr fühlt man sich ihr paradoxerweise auch verpflichtet. Und so muss man festhalten: Während sich Revolutionäre ein Leben ohne die verhasste Diktatur eines *Ancien Régime* vorstellen könnten, sind Gläubige kaum in der Lage, sich ein Leben ganz ohne den zwar kritisierten, aber eben auch vertrauten Rahmen der gegenwärtigen Kirche vorzustellen. Damit Revolution gelingt, muss man aber bereit sein, ein solches Risiko erst einmal einzugehen.

Kollaps und Revolution scheiden also aus. Und auch der *Shutdown* wird nicht stattfinden, schon allein, weil es in der Kirche nicht wie im Staat die zwei Seiten gibt, die aufeinander angewiesen und deshalb zur Einigung verpflichtet sind. Der Weg der Kirche wird deswegen ein anderer sein. Meine Sorge ist, dass die Kirche reichlich unspektakulär scheitern wird. Sang- und klanglos, könnte man sagen. Der Ecclexit (vom lateinischen *ecclesia* = Kirche) wird kein lauter sein, kein großes Zeichen, kein Fanal, das den Aufbruch in eine neue Zeit ankündigt. Die Kirche wird sich *peu à peu* verabschieden – als ernst zu nehmende Gesprächspartnerin in den wichtigen Debatten der Gesellschaft, als die breit aufgestellte Instanz für Sinnsuche und spirituelle Praxis und auch als moralische Autorität. Dieser Prozess des Abschieds ist bereits im vollen Gange. Hier und da gibt es allerdings noch »Aufhalter«, das heißt Gegebenheiten und Prozesse, die den Blick für dieses langsame Eingehen der Kirche trüben und ein anderes Bild vorgaukeln.

In Deutschland ist es das fest verzurrte Staatskirchenrecht, das den großen Kirchen eine notstandsfeste Präsenz im öffentlichen Leben und eine üppige Finanzausstattung ermöglicht. Damit lässt sich noch über einige Zeit der Anschein erwecken, es gehe ihr, der Kirche, ganz gut und die Krise sei eine vorübergehende Erscheinung. Blickt man aber ins Innere, merkt man rasch, dass es oft nur mehr imposante Kulissen sind, die diesen Eindruck erwecken. In der Schweiz hingegen ist es die über Jahrhunderte gewachsene Kultur kantonaler Selbstbehauptung, welche die Kirchen immer noch stabilisiert. Die katholischen Kantone der Innerschweiz, auch Fribourg und das Wallis bedienen sich gerne ihrer vermeintlich katholischen Identität. Im Gegensatz dazu beharren Zürich, Bern, das Neuenburger Land und Genf auf ihren reformierten Wurzeln. Die real existierenden Landeskirchen sind so etwas wie die Nutznießer solcher Konstellationen, ohne dass sie die Hüllen, die da aufgebaut sind, noch mit eigenem Leben füllen könnten.

Das Scheitern der Kirche in ihrer aktuellen Gestalt wird sich hierzulande also nicht spektakulär abspielen. Es wird nicht auf einen bestimmten Zeitpunkt fallen, der es einem erleichtern würde, vom Vorher und Nachher zu sprechen. Es wird das sukzessive Verkümmern der einstigen Lebendigkeit sein. Still, fast unmerklich wird die Kirche zugrunde gehen, immer kleiner werden, Dienste und Leistungen einstellen müssen. Die Schar derer, die sich zum inneren Kern der Gemeinden zählen, wird weiter schrumpfen. Es wird immer neue, theologisch klingende Konstrukte geben, mit denen die Kirchenleitungen den Verbleibenden – und den Wegbleibenden – erklären wollen, weshalb der Weg des Kleinerwerdens und der Gemeindefusionen heute der richtige ist. Und die Menschen werden immer weniger nachvollziehen können, weshalb man auch noch schönreden muss, was doch zutiefst betrübt und viele hausgemachte Ursachen hat, die nicht angegangen werden. Die Kirche, so steht zu befürchten, wird nicht fulminant scheitern, sondern ganz trivial. Wie eine Pflanze, die langsam, ganz langsam eingeht. Man rückt sie immer weiter an den Rand der Fensterbank, man weiß nicht wirklich, ob sie noch lebt; allein für die Entsorgung fehlt einem der Antrieb …

Still und unmerklich immer mehr zu verkümmern – das ist wohl das Schicksal der Kirche in den deutschsprachigen Ländern. Im Ergebnis entsteht das, was man die »Unbehaustheit des Gottesvolkes« nennen könnte. Die noch verbliebenen Kirchenmitglieder, aber ebenso die vielen, die aus der Institution Kirche schon ausgewandert sind, deren Sehnsucht nach kirchlicher Heimat aber geblieben ist, sie alle finden sich verlassen wieder, bar der metaphysischen und spirituellen Gehhilfen einer Glaubensgemeinschaft und ohne den Resonanzraum, den die Kirche bietet und der so nötig ist, um den eigenen Glauben in Zeit und Gesellschaft leben und weitertragen zu können.

8.
Warum ein *Mission Manifest* nicht genügt

Die Kirche als Monarchie, ihre Rechtsvergessenheit, ausbleibende Selbstreinigung und das systemische Versagen der Kirchenleitung – bis hierher stand eine möglichst offene, schonungslose Analyse der Ist-Situation im Vordergrund. Die Kritik mag in manchen Ohren pessimistisch klingen, destruktiv vielleicht sogar. Nichts liegt mir jedoch ferner als Verzweiflung. Es ist eine Kritik aus der Perspektive derjenigen, die etwas zu verlieren haben in der Kirche. Nicht ätzende Häme oder gar Schadenfreude des Außenstehenden über das vermeintlich absehbare Verschwinden der Religion treiben solche Kritik an, sondern Erfahrung und Betroffenheit.

An dieser Stelle ist der Begriff einmal keine Floskel. Wer als Kirchenmitglied miterlebt, in welche Sackgassen sich die Kirche manövriert hat und welche Versäumnisse dafür verantwortlich sind, formuliert Kritik aus einer anderen Perspektive und mit einem anderen Einsatz als Fernstehende. Es ist eine Kirchenkritik nicht von außen oder von den Flügeln her, sondern aus der Mitte. Eingenommen wird hier nicht der Blick jener, die die Existenz von Kirche und Religion an sich ablehnen. Im Fokus sind diejenigen, die merken, dass sie ihren Glauben immer weniger praktizieren können, wenn die Verantwortlichen der Institution Kirche weiterhin so fahrlässig agieren wie bisher, notwendige Reformen verschleppen und damit gerade das Gut aufs Spiel setzen, das sie zu bewahren glauben.

Diese Kritik von innen nimmt konsequent die Perspektive derer ein, die eigentlich »Kirche sind« – die Kirchenmitglieder oder das Gottesvolk, wie es theologisch so schön heißt. Denn viel zu sehr ist die Kirche bis heute »von oben«, von ihren Ämtern und Strukturen her gedacht worden. Und dabei gerät aus dem Blick, weshalb es die Kirche gibt: weil Menschen sich vom Wort Gottes angesprochen fühlen. Existenziell getroffen und herausgerufen versuchen sie, diesem Wort eine Antwort zu geben.

Von diesem »Leitsatz« her ist die Kritik zu verstehen. Ihr Anliegen ist nicht, zu sagen, dass Glaube und Religion ohnehin keinen Sinn haben, sondern sie will ein Kompass sein, um den Verrat der Sachwalter am eigenen Anliegen zu benennen. Viele der Spuren, die auf den Seiten dieses Buches nur ansatzhaft entfaltet oder angedeutet werden konnten, müssten nun ausführlicher entwickelt und vertieft werden. Das gilt insbesondere für die zentrale Frage: Wie sieht eine katholische Kirche aus, die sich »demokratisch« verfasst, Gewaltenteilung, Machtkontrolle und die Überzeugung vom gleichen Wert der Geschlechter konsequent anwendet? Eine solche Auseinandersetzung würde den Rahmen dieser »Streitschrift« sprengen. Ich möchte dennoch nicht bei der Diagnose stehen bleiben. Mich bewegt die Frage, ob und wie die Kirche in eine bessere Zukunft blicken kann. Im Folgenden sollen einige Felder benannt werden, die für einen möglichen Richtungswechsel der Kirche entscheidend sind.

Keine Alternative: Reform oder Erneuerung

Man begegnet heute zwei scheinbar unversöhnlichen Alternativen, wenn es um die Zukunft der Kirche geht. Auf der einen Seite gibt es die »Kirchenreformer« – als Einzelne oder versammelt in Verbänden und so manchem Pfarrgemeinderat, den Protestgruppen einer »Initiative Kirche von unten«, dem österreichischen »Kirchenvolks-Begehren« oder der Bewegung »Wir sind Kirche«. Sie thematisieren die fehlerhaften Strukturen der Kirche, ihre Defizite bei der Gleichberechtigung der Geschlechter sowie autoritäre und uneinsichtige Verhaltensweisen der Kirchenleitung. Klerikalistische Selbstbespiegelung herrsche vor, nicht die Fokussierung auf wirkliche Fragen der Menschen: weltweite Gerechtigkeit, menschenwürdige Lebens- und Arbeitsbedingungen, Partizipation und Teilhabe.

Auf der anderen Seite stehen diejenigen, die sich für »Kirchenerneuerung« einsetzen. Kirchenreform und Kirchenerneuerung – das klingt nicht gerade grundverschieden, beinhaltet aber dennoch Anlass genug für Unterscheidungen. Befürworter der Erneuerung sind in freikirchlichen Milieus anzutreffen und auf katholischer Seite zunehmend unter der Fahne des Themas »Mission« versammelt. Im sogenannten *Mission Manifest*, einer Publikation, die für viel Bewegung und auch theologischen Streit gesorgt hat, drückt sich das Anliegen dieser Initiativen aus: Ihr Ziel ist es, Grund und Antrieb des christlichen Glaubens wieder mehr in den Vordergrund kirchlichen Wirkens zu stellen und besser sichtbar zu machen, weshalb der christliche Glaube eigentlich attraktiv sein kann. Gegenüber den Kirchenreformern wollen die Kirchenerneuerer nicht so sehr über Strukturen reden und wie man diese verändern kann, sondern über »die Sache selbst«, um die es im Glauben geht,

Jesus Christus. Dabei scheint mir eines verhängnisvoll: dass beides gegeneinander ausgespielt wird. Denn es kann keine wirkliche Erneuerung des Christentums geben, wenn die kirchlichen Strukturen, also die institutionelle Präsenz des Glaubens in Welt und Gesellschaft, von innen angegriffen sind und ihre Funktion nicht mehr richtig erfüllen können. Geist und Strukturen dürfen nicht auseinanderdividiert werden, denn sie bedingen sich wechselseitig. Man kann nicht begeistert »Halleluja« rufen und andere mit der eigenen Glaubensfreude anstecken, wenn von der eigenen Glaubensgemeinschaft beständig ungerechte, unrechte und kontraproduktive Impulse ausgesendet werden, und zwar nicht nach außen, sondern an die eigenen Mitglieder!

Um mit einem Beispiel zu sprechen: Die Deutsche Bahn entkommt ihrer Krise auch nicht, indem sie einfach alle Züge mit neuem Wagenmaterial bestückt und die Bahnsteige aufhübscht. Gerade aus Schweizer Sicht und aus vielen Erfahrungen mit der Schweizer Eisenbahn darf man das sagen: Solange es keine Wende in der Verkehrspolitik gibt und die Systeminfrastruktur der Bahn (Schienenwege, Weichen, Signalisation, Stellwerke, Personal …) nicht besser finanziert ist, bleiben andere Maßnahmen Kosmetik. Auch die neuen Züge werden Verspätungen einfahren, die am System insgesamt zweifeln lassen.

Für Reform, Erneuerung oder wie auch immer zu nennende Bemühungen um eine Zukunft des Glaubens gilt deswegen: Einen vermeintlich »reinen« Inhalt dieses Glaubens gibt es nicht. Strukturen und institutionelle Formen sind der äußere Rahmen, ohne den solcher Inhalt nicht existieren kann. Sich für bessere Strukturen einzusetzen ist deshalb auch wahrhaft »missionarisch« – bemüht darum, die Sache Jesu für die Menschen heute erlebbar werden zu lassen.

Zeit für pastoralen Ungehorsam!

Vielleicht gibt es einen Modus des Handelns, der typisch für die Kirche ist. Redet man darüber, betritt man bereits vermintes Gelände. Denn dieser Modus gleitet leicht ab, hin zu Zweckoptimismus und Schönrednerei. Es ist die Ebene des zeichenhaften Handelns, des Symbolhandelns. Man tut etwas, wofür es keine Zweckrationalität gibt, das nicht unmittelbar in operativ greifbare Ergebnisse mündet. Man könnte solches Handeln als Ausdruckshandeln bezeichnen. Gemeint ist ein Handeln, das von einer Idee des Guten, die einen zutiefst bewegt, Zeugnis gibt und auf nachhaltige Veränderung hinzielt, diese Veränderung aber nicht mit dem eigenen Handeln unmittelbar erwirken kann. Es setzt auf die *Longue durée*, die Zeitschiene, und damit auf das Prinzip »Steter Tropfen höhlt den Stein«. Viele Errungenschaften in Gesellschaft und Politik wären nicht zustande gekommen ohne ein solches symbolisches Handeln.

Nun könnte solches Handeln gerade im christlichen Glauben Sinn ergeben, weil dem Glauben ohnehin ein Wirklichkeitsverständnis innewohnt, das der eigenen Machbarkeit misstraut und deshalb Größeres erhoffen darf. Glaubenshandeln ist ganz häufig symbolisches Handeln. Es ist geradezu Ausdruck des Glaubens, das zu erhoffen, was die konkrete Wirklichkeit übersteigt und deren Begrenzungen sprengt. Man muss allerdings vorsichtig sein. Gerade von höherer kirchlicher Ebene ist mit diesem Charakterzug des Glaubens schon viel Schindluder getrieben worden. Kirchenmitglieder, die sich mit Protest und Vorschlägen einbringen, wurden vertröstet und hingehalten mit dem Spruch: »Wenn der Geist es will, wird es kommen.« Gemeint waren meist sehr konkrete Reformen in der Kirche, die mit einer solchen Spiritualisierung blockiert wurden. Dennoch: Ich möchte solchem symbolischen Glaubenshandeln seine Berechtigung nicht absprechen, im Gegenteil. Es gilt die alte Weisheit, und in der Religion umso mehr: Man weiß nicht, wofür es gut ist.

Nun schlage ich vor, über andere, kreativere Ausdrucksformen solch symbolischen Handelns nachzudenken, als es bisher üblich ist. Weshalb praktizieren etwa Pastoral- und Gemeindereferentinnen nicht einmal einen »Generalstreik« – als Akt des zivilen Widerstands gegen die fortdauernde und scheinbar unverrückbare Unterordnung weiblicher Seelsorgerinnen, die ja nicht geweiht werden können, unter das Gesetz des männlichen Weiheamts?

Gleiches gilt für Gemeindepfarrer. Viele von ihnen können nach eigenem Empfinden ihrer ursprünglichen Berufung angesichts immer neuer Gemeindefusionen gar nicht mehr gerecht werden. Müssen sie das einfach alles so hinnehmen? Was wäre, wenn sie in den Ausstand träten, sich – begrenzt, aber doch spürbar – der Art und Weise, wie sie zur Verfügungsmasse einer fehlgeleiteten Krisenpolitik gemacht werden, widersetzten? In beiden Fällen würde der Druck auf die verantwortlichen Bischöfe beträchtlich wachsen, sich in einer viel nachdrücklicheren Weise, als sie es gewöhnlich wagen, für Veränderungen in der Kirche einzusetzen.

Dahin gehen, wo es wehtut

Die Missbrauchskrise hat viel Nachdenklichkeit ausgelöst, auch unter Kirchenführern. Beinahe im Wochenrhythmus kann man von deutschen Bischöfen Empfehlungen vernehmen, »neu« über

Zölibat, Sexualmoral und den Umgang mit der Macht in der Kirche nachzudenken. Der Eichstätter Oberhirte Gregor Maria Hanke stellte sogar das Modell der Kirchensteuer und das »Junktim zwischen Geld und Gnade« infrage. Eine gewisse Sensibilität ist zweifelsohne vorhanden, dass man auf den eingetretenen Pfaden nicht mehr lange weiterkommen wird.

Im Frühjahr 2019 haben sich die deutschen Bischöfe zu einem Kraftakt durchgerungen: Nach langen Diskussionen beschlossen sie einen sogenannten »synodalen Weg«. Gemeint ist ein Prozess, bei dem die drängenden Streitfragen endlich offen zur Sprache kommen sollen. Gemeinsam mit den Laien wollen sie dann zu Verabredungen kommen, die hoffentlich auch zu konkretem Handeln führen. Es ist die vielleicht letzte Chance für die deutsche Kirche: So oft schon gab es »Gesprächsprozesse« und andere Initiativen, um wieder neue Handlungsfähigkeit zu entwickeln. Der Eindruck aber blieb, dass die wichtigsten Themen und Fragen jeweils ausgeklammert wurden und man am Ende nichts anderes in den Händen hatte als das dumpfe Gefühl, dass es gut war, miteinander gesprochen zu haben … Die entscheidende Frage lautet nun: Wie verbindlich ist das, was bei diesem »synodalen Weg« erörtert wird? Steht am Ende lediglich, dass der Vorsitzende der Bischofskonferenz einen Brief nach Rom schreibt und die Wünsche der deutschen Katholiken kundtut, Rom daraufhin entgegnet, dass man keinen Handlungsbedarf sieht, und damit alle Reformbemühungen wieder einmal im Keim erstickt sind? Die Frustration und Wut vieler Gläubiger wären nach einem solchen Ausgang kaum auszumalen. Es wäre die für lange Zeit letzte Chance gewesen, mit der sich die Kirche, so wie sie sich bis heute überliefert hat, noch hätte retten können. Hoffen wir, dass die Bischöfe um die Verantwortung wissen, die ihnen deswegen zukommt – und das gilt gerade für diejenigen unter ihnen, die dem Vorhaben des »synodalen« Austauschs eher kritisch gegenüberstanden.

Neben einem solchen *worst case* soll aber auch ein *best case* beschrieben werden: Der »synodale Weg« könnte eine Funktion haben, wie sie der Parlamentarische Rat für die Gründung der Bundesrepublik Deutschland im Jahr 1949 hatte: In diesem Gremium sowie im daraus hervorgehenden »Verfassungskonvent«, die auf der Insel Herrenchiemsee tagten, wurden die ersten Schritte auf dem Weg zu einem erfolgreichen demokratischen Staatswesen gegangen. Dies geschah, indem man darüber diskutierte, welche Verfassung das neue Gemeinwesen haben sollte. Verfassungsfragen hatten dort die oberste Priorität, weil allen klar war, dass nur eine funktionierende und verbindlich in Geltung gesetzte Verfassung die Autorität haben würde, das Leben eines Gemeinwesens langfristig auf bestimmte Werte und Normen hin zu orientieren. Am Ende stand das Grundgesetz für die Bundesrepublik Deutschland.

So weit sind wir in der Kirche noch lange nicht. Denn so sehr die meisten wissen, dass sich etwas ändern muss, so wenig ist allerdings sichtbar, was neue Wege sein könnten. Und es ist klar: Den schnellen und vollständigen Spurwechsel wird es nicht geben. Zu stark sind die Beharrungskräfte einer großen, weit verzweigten und innerlich uneinigen Organisation, wie die katholische Kirche eine ist. So muss man zunächst mit »Bordmitteln« arbeiten und auf der Basis der Strukturen, die man eben hat. Aber auch da wäre bereits vieles möglich, was weit über eine reine »Ankündigungspolitik« hinausginge. Ich möchte beispielhaft vorgehen und die heute schon konkret möglichen Schritte an drei Gruppen von Akteuren festmachen: an den Bischöfen, an der nationalen Vertretung der katholischen Laien in Deutschland, also dem »Zentralkomitee der deutschen Katholiken« (ZdK), sowie an der staatlichen Politik.

Die Bischöfe. Sie sind in der absolutistischen Monarchie der Kirche – politisch gesprochen – der höchste Souverän. Ausgestattet mit umfassenden Amtsvollmachten verfügen sie über die Möglichkeit, tief greifende Entscheidungen zu allen Belangen kirchlichen Lebens zu treffen und diese – oftmals unterlegt mit bedeutenden personellen und finanziellen Ressourcen – durchzusetzen. Sie verfügen aufgrund ihrer in der Kirchenverfassung verankerten Stellung über große Macht und tendieren immer wieder dazu, diese mit spirituellen und religiösen Floskeln zu verschleiern. Dabei käme es darauf an, die Macht in Verantwortung umzumünzen.

In der gegenwärtigen Krise liegt es auf der Hand, was gerade diejenigen Bischöfe tun könnten, die sich problembewusst zeigen und auf den grundsätzlichen Diskussionsbedarf hinweisen. Man wartet auf eine zündende Initiative von Bischöfen, um die in vielen Statements durchaus eingestandenen Defizite bezüglich der Gewaltenkontrolle endlich laut und unumkehrbar zu thematisieren. Weshalb setzt die Bischofskonferenz keine Kommission ein, die konkrete Vorschläge unterbreitet? Mit diesen Vorschlägen geht man dann nach Rom und zu weiteren Bischofskonferenzen und sucht Unterstützung. Es bleibt zu hoffen, dass der »synodale Weg« eine solche Initiative definitiv umsetzt.

Warum also nicht einen breit angelegten »kirchlichen Verfassungsprozess« einleiten, mit dem Ziel, die Defizite innerhalb der Kirchenverfassung zu beheben, indem konkrete Veränderungen vorgeschlagen und im Stile eines »Gesetzesentwurfs« ausgearbeitet werden? Dabei wäre auch zu diskutieren, wie man mit den unterschiedlichen, miteinander konkurrierenden »normativen Ordnungen« innerhalb der Kirche umgehen soll: Kirchenrecht, Konzilstexte, die lehramtliche Verkündigung. Oft genug widersprechen sich diese Ordnungen und sowohl Kirchenmitglieder wie auch Kirchenleitungen sind ratlos, nach welcher »Leseordnung« sie anzuwenden sind.

Wenn es für solche Themen keinen Konsens auf gesamtkirchlicher Ebene gibt – weshalb lancieren die reformwilligen Bischöfe nicht einen offenen Prozess unter Einbeziehung von Kirchenrechtlerinnen und Kanonisten, Verbänden, Gruppen und Einzelnen, Expertinnen und Experten von innen und außen? Es käme darauf an, Mut zu einem Vorgehen zu entwickeln, das die bislang üblichen Pfade der Kirchenpolitik verlässt. Nicht der hinter verschlossenen Türen gesuchte diplomatische »Ausgleich« dürfte länger der Weg sein, sondern der Wettbewerb von besseren Argumenten und Ideen in einer pluralen kirchlichen Lage.

Es ist auch eine Frage der Methode, wie Ziele in der Kirche verfolgt werden. Nicht das kabinettspolitische Antichambrieren à la Wiener Kongress, sondern das faire, argumentative Ringen mit offenem Ausgang sollte Leitbild heutiger Entscheidungsfindung in der Kirche sein. Was spricht denn dagegen, dass Bischöfe, mit einer solchen Einstellung gewappnet, nicht nur für eine neue Kirchenverfassung streiten, sondern auch die Frage nach dem Ämterzugang thematisieren? Besteht eine so große Angst vor Marginalisierung innerhalb des Bischofskollegiums? Ein schwaches Motiv angesichts der gegenwärtigen Lage der Kirche.

Die katholischen Laien. In jeder Gesellschaft organisiert sich der Katholizismus auf unterschiedliche Art und Weise. In Deutschland gibt es aufgrund der Geschichte des 19. Jahrhunderts – der Entstehung der Gesellschaft aus den bürgerlichen Befreiungsbewegungen und deren erste demokratische Repräsentation in der Frankfurter Paulskirchenversammlung von 1848 – ein besonderes Gewicht der Laien. Sie sind im sogenannten »Zentralkomitee der deutschen Katholiken« (ZdK) organisiert, das aus delegierten Vertretungen aus den deutschen Bistümern, von Verbänden und Organisationen sowie aus Einzelpersönlichkeiten besteht. Es ist eine »Ständeversammlung« des Katholizismus und zeugt vom Geist seiner Gründungszeit im 19. Jahrhundert. In einem von preußischem Protestantismus geprägten Deutschland kam es den katholischen Laien zu, in der entstehenden demokratischen Gesellschaft für die politischen Ziele ihres Glaubens einzutreten. Der amtlich verfassten Kirche war dies nicht möglich, ohne sich den Ruf des »Ultramontanismus« einzuhandeln. Als »verlängerter Arm« Roms aber war kein Blumentopf zu gewinnen in der deutschen Politik.

Diese für die Gründungszeit des ZdK gültige Großwetterlage hat sich mittlerweile verändert. Während einstmals weitgehender Konsens darüber bestand, welche politischen Ziele sich aus dem Glauben ergaben, ist das heute viel umstrittener. Was eine »katholische Position« in Politik und Gesellschaft sein sollte, ist heute dem Streit um das bessere Argument ausgesetzt. Vor allem innerkirchliche Themen waren damals gar nicht im Fokus des Laienforums. Auch das ist heute anders. Die im 19. Jahrhundert noch weitgehend plausible monarchische Kirchenverfassung hat heute jede Legitimität verloren, sodass die katholischen Laien des Zentralkomitees auch über innerkirchliche Fragen mitdiskutieren und -entscheiden wollen.

Aber so, wie das Zentralkomitee verfasst ist, hat es selber ein Legitimations- und ein Abhängigkeitsproblem, um diese in der

Sache angemessene Mitsprache in Kirche und Gesellschaft leisten zu können. Seine Zusammensetzung nach dem Modell der ständischen Gesellschaft widerspricht den Prinzipien demokratischer Repräsentation. Und finanziell ist es vom Etat der Bischofskonferenz abhängig. Es wäre deshalb zu erwägen, das ZdK institutionell zu reformieren. Es sollte zu einem echten »Kirchenparlament« umgestaltet werden, in dem die Breite der deutschen Kirchenmitglieder nach einem fairen und sinnvollen Schlüssel repräsentiert ist und in dem über die grundlegenden Fragen der Kirche, sofern sie bistumsübergreifend wichtig sind, beraten und entschieden wird. Natürlich wären dann auch die Kirchenleitungen – die Bischöfe – in diesem Parlament vertreten und ihm rechenschaftspflichtig.

Das Abhängigkeitsproblem des heute existierenden ZdK könnte gelöst werden, indem die finanzielle Abhängigkeit von den Bischöfen durch eine alternative Finanzierung abgelöst wird. Weshalb sollte nicht ein guter Teil der Kirchensteuereinnahmen künftig direkt dem ZdK zukommen? Die oft etwas willkürlich erscheinende Unterstützung einzelner Gruppen und Initiativen durch den Gesamtetat der deutschen Diözesen hätte ein Ende. Sie wäre ersetzt durch ein Budget, das nach den Richtlinien demokratischer Transparenz verwaltet wird und nicht in Hinterzimmerentscheidungen bischöflicher Kanzleien und Ordinariate zustande kommt.

Die staatliche Politik. Die hier einer gründlichen Kritik unterzogene Struktur der (vor allem deutschen) Kirche hat sich bis heute unter dem Deckmantel des staatlichen Rechts erhalten. Der hohe Rechtstitel der Religionsfreiheit (zum Beispiel Artikel 4 des deutschen Grundgesetzes, Artikel 15 der Schweizer Bundesverfassung) garantiert nicht nur die individuelle, sondern auch die sogenannte »korporative« Religionsfreiheit. Darunter wird verstanden, dass religiöse Praxis weit mehr ist als das Gebet im stillen Kämmerlein. Neben individueller religiöser Praxis muss auch geschützt werden, wenn Gläubige sich als Glaubensgemeinschaft zusammenschließen. Als Gemeinschaft sind sie gesellschaftlich und öffentlich sichtbar. Religiös motivierte Aktivitäten solcher Gemeinschaften, die in die säkulare Öffentlichkeit hineinragen, sollten deshalb ebenfalls vom Schutz der Religionsfreiheit profitieren dürfen.

Die Organisationshoheit der Religionsgemeinschaften zählt man deshalb klassischerweise zu den Schutzgütern der Religionsfreiheit. Das ist vom Gedanken der Religionsfreiheit gestützt, aber es hat auch zur Folge, dass jede politische Diskussion über die undemokratische Verfassung der Kirche dann als »Einmischung in die inneren Angelegenheiten« abgetan wird. Nun lässt sich diese Argumentation vielleicht noch eine Weile aufrechterhalten. Das gilt umso mehr, als es etwa in Deutschland eine breite Koalition dafür gibt, den Kirchen kritische Anfragen zu ihrer Verfassung sowie ihrem Umgang mit Finanzen und Personal zu ersparen, weil man die großen Kirchen als Sozialdienstleister im Erziehungs- und Gesundheitswesen so dringend braucht.

Der Missbrauchsskandal und auch einzelne Prozesse zum kirchlichen Arbeitsrecht haben diese Haltung aber bereits ansatzweise infrage gestellt. Es wird künftig noch wichtiger werden, dass staatliche Politik sich einen genaueren Blick auf die innere Struktur von Religionsgemeinschaften erlaubt. Sie muss die Frage stellen, ob der Respekt der Menschenrechte nicht auch innerhalb einer Weltanschauungsgemeinschaft bestimmte Folgen haben muss. Dies gilt umso mehr, als man eine Glaubensüberzeugung und die daraus folgende Mitgliedschaft in einer Religionsgemeinschaft nicht einfach als ein Hobby betrachten kann, das man auch ablegen oder für das man sich alternative »Anbieter« suchen könnte.

Eine Kirche ist zwar nicht im strengen Sinne des Rechts ein »Zwangsverband«, aber sie bildet, wie wir im siebten Kapitel gesehen haben, doch eine Gemeinschaft, der man auf eine ganzheitlich-existenzielle Weise verbunden ist. Vorbild einer solchen »einmischenden« Haltung der Politik könnte die Karriere der Menschenrechte in Bezug auf die zwischenstaatlichen Beziehungen sein. Es hat sich heute durchgesetzt, dass eine menschenrechtlich begründete Kritik der inneren Verhältnisse in einem anderen Staat nicht mehr als illegitime »Einmischung« angesehen wird, sondern man das sogar als eine Verpflichtung betrachtet, die sich aus dem Ethos der Menschenrechte heraus ergibt. Noch vor wenigen Jahrzehnten war dies ganz anders.

Handlungsfelder, auf denen Politik und Staat in Bezug auf die Kirche tätig werden könnten, gibt es genug. Bislang geschieht so wenig, weil alle Seiten ein Interesse am Status quo haben. Vertreter des Staates wollen die Kirche als Akteur im sozialen Feld erhalten, und Kirchenleitungen wissen um den Schutz ihrer bestehenden Strukturen, den ihnen das deutsche Staatskirchenrecht bietet. Vielleicht ist die Vertrautheit ja auch eine Chance: kirchenverbundene Politikerinnen und Politiker könnten die Initiative ergreifen und – aus Interesse an der Kirche, nicht aus Gegnerschaft zu ihr – auf Systemveränderungen drängen. Das kann vieles bedeuten. Es könnte heißen, das System der Kirchensteuer auf eine selbstorganisierte Basis zu stellen, die den Staat aus der Einzugsverpflichtung entlässt. Es könnte bedeuten, die sogenannten Dotationen abzulösen, die hohen Entschädigungen, die der Staat seit der napoleonischen Säkularisation den Kirchen zukommen lässt, die aber längst nicht mehr als legitim angesehen werden dürfen. Es könnte bedeuten, der Kirche viel strenger auf die Finger zu schauen, wenn sie vorgibt, Probleme aufzuarbeiten, mit denen Grundrechte von Bürgerinnen und Bürgern verletzt werden, wie dies im Missbrauchsskandal geschehen ist.

Generalnenner einer solchen religionspolitischen Aufmerksamkeit wäre es, die vielen engen Verquickungen zwischen Staat und Kirche wesentlich kritischer zu überprüfen, als dies bislang geschieht. Politikerinnen und Politiker sollten beharrlich die Frage stellen, weshalb die Kirche ihre Mitglieder nicht auch von jenen Gütern profitieren lässt, die sie doch von anderen immer so vehement einfordert: Demokratie und Menschenwürde.

Die Lehre füllen: Liebe, Respekt, Toleranz

Die auf lange Sicht entscheidende Ebene ist eine inhaltliche. Es sind Fragen nach dem Respekt der Institution vor der Gewissensfreiheit des Einzelnen, überhaupt der Stellenwert, den die Freiheit im theologischen Denken und im Selbstverständnis der Kirche innehat. Blickt man auf den Missbrauch, werden diese Fragen im Blick auf die sogenannte katholische »Sexualmoral« relevant. Mit der Missbrauchskrise ist diese Form der Gewissenssteuerung in ihre ultimative Krise geraten. Sehr viele wissen das und viele sprechen es offen aus, sogar Bischöfe. Was das aber konkret bedeutet, ist weniger deutlich erkennbar. Natürlich ist es einfacher, ein Scheitern zu konstatieren, als das Thema neu zu buchstabieren. Und hier stellt sich die Frage: Muss man das überhaupt mit der Detailversessenheit durchführen, wie die traditionelle Lehre es tut?

Ein großer Teil der Probleme liegt doch darin begründet, dass sich die Kirche im Zuge der tridentinischen Reformen des 16. Jahrhunderts »modern« machen, es den damaligen Leitdisziplinen von Mathematik und »messenden« Wissenschaften gleichtun wollte, sodann mathematisch genaue »Maßeinheiten« für Schuld und Sünde erfand und damit auch einen fein ausbuchstabierten Katalog von Sündentatbeständen formulierte. Daraus resultierte das, was viele Menschen so fürchterlich abstoßend empfinden an der katholischen Morallehre: ihr Versuch, jeden einzelnen Handlungsschritt der Menschen in Sachen Sex zu taxieren, minutiös zu bewerten und einen Katalog »zulässiger« sowie nicht zulässiger Handlungen aufzustellen. Aber hat solch eine Katalogisierung von Körperlichkeit noch etwas mit christlicher Ethik zu tun?

Könnte es nicht auch anders gehen? Indem die Kirche das in den Mittelpunkt stellt, worauf es wirklich ankommt im menschlichen Miteinander: Liebe, Respekt, Toleranz und Fürsorge? Daraus ließe sich dann eine Ethik von Beziehungen entwickeln, für die es heute durchaus eine starke Nachfrage geben dürfte, so meine Vermutung. Eine engmaschige Moral sexueller Handlungsweisen, die sich nach Kontrolle und Überwachung des Privatlebens anfühlt, braucht es aus religiöser Sicht gar nicht. Sexualität könnte vielmehr als »Sprache« eines zutiefst menschlichen Ausdrucks betrachtet werden. Als Ausdruckshandeln kann Sexualität sowohl zum Guten wie auch zum Schlechten verwendet werden. Sexuelles Handeln trägt seine Bewertungen nicht von vornherein in sich, wie die Kirche lange Zeit annahm.

Ringt sich die Kirche zu einer Beziehungsethik nach diesem Muster durch, sollte sie konsequent sein. Sie sollte den Mut haben, auch ihr bis heute transportiertes Verdikt über die Homosexualität zu korrigieren und diese nicht als Normverfehlung, sondern als natürliche Form sexueller Identität begreifen. Und ebenso sollte sie – absurd, darüber überhaupt reden zu müssen! – ihre Verurteilung von Selbstbefriedigung über Bord werfen, bei der es sich für viele um eine tastende, behelfende, natürliche Form und Ausdruck ihrer Sexualität handelt. Schließlich ist als Verzichtsform von Sexualität in diesem Kontext ebenfalls der Zölibat relevant. Wie könnte diese Lebensform wieder zu einem gelebten Zeichen werden, nicht aber zum Anziehungspunkt für Menschen mit gestörter psychosexueller Prägung?

Diese und andere Fragen gehören dringend offen diskutiert – in kirchlichen Ausbildungsstätten, Seminarien und Kirchenverwaltungen. Die Theologie liefert dazu wie auch zur Frage nach der Demokratie in der Kirche oder dem Umgang mit der Macht einige Möglichkeiten zur Reflexion, die lange Zeit von der Kirche kaum aufgegriffen oder ernst genommen wurden. Wann, wenn nicht jetzt, ist die Gelegenheit dazu?

Was wir brauchen: katholische Identität auf der Höhe der Zeit

Auf einen letzten Punkt möchte ich noch eingehen. Er ist so etwas wie der rettende Strohhalm der Reformverweigerer, weil er nicht aus der Sache heraus argumentiert, sondern »Hilfe von außen« holt. Die anderen, die man zu kennen meint, müssen dafür herhalten, um etwas abzuwehren, wofür einem die Argumente ausgegangen sind. Der Einwand lautet: In der evangelischen Kirche seien ja die meisten der erhobenen Forderungen umgesetzt, ihr gehe es aber auch nicht besser als der katholischen Kirche. Im

Gegenteil, die Austrittszahlen seien dort sogar höher als bei den Katholiken. Die Rettung der Kirche könne deswegen nicht darin bestehen, es den anderen gleichzutun.

An diesem Einwand ist so gut wie alles falsch. Oder, anders gesagt, hier werden Äpfel mit Birnen verglichen. Natürlich, auch in den Kirchen der protestantischen Tradition gibt es vielfältige Probleme. Diese aber ins Feld zu führen, um zu sagen, auch der Ämterzugang von Frauen habe solche Probleme nicht verhindert und deshalb sei die im Protestantismus praktizierte Form von Geschlechtergerechtigkeit »auch keine Lösung« und müsse katholischerseits nicht weiter verfolgt werden, ist intellektuell unredlich. Außer Acht bleiben alle wesentlichen Faktoren, die dafür ausschlaggebend sind, welchen Zuspruch eine Religionsgemeinschaft in unserer säkularen Gegenwart und Gesellschaft erfährt: Säkularisierung, Individualisierung, der Gestaltwandel von Bildung und religiöser Kommunikation etc. Sich nun eben jenen Aspekt am Gepräge der Schwesterkirchen herauszupicken, der für die eigene Situation am unbequemsten ist, wirkt wie eine durchschaubare Masche, um sich einer notwendigen Selbstkritik zu entziehen. Man wird anfügen müssen: Keiner behauptet, der Ämterzugang für Frauen sei die pauschale Garantie dafür, dass sich Menschen einer Glaubensgemeinschaft wieder zuwenden werden und die Kirche in neuem Glanz erblüht …

Der Vergleich mit der protestantischen Kirche ist nicht nur übergriffig und redet eine andere Kirche schlecht. Er ist vor allem auch denkerisch zu kurz gesprungen. Denn es wird damit vollkommen außer Acht gelassen, dass ein mögliches Weihepriestertum für Frauen innerhalb der katholischen Kirche kulturell eingepasst werden müsste. Diese Erweiterung des Amtes würde selbstverständlich mitgeprägt vom kirchlich-kulturellen Kontext, den die katholische Tradition und Kirchengeschichte darstellt. In der Wissenschaft wird an dieser Stelle von der sogenannten »Pfadabhängigkeit« gesprochen. In Bezug auf unsere Frage ist damit gemeint, dass mit der Öffnung des Weiheamtes für Frauen nicht einfach Geist und Kultur des Protestantismus Einzug in die katholische Kirche hielten. Vielmehr würde der »spirituelle Zungenschlag« des Katholischen diesem erweiterten Amt seinen unverkennbaren Stempel aufdrücken.

Geschichte und Herkunft löscht man nicht einfach aus. So wäre zu hoffen, dass in den Spuren der katholischen Tradition im Laufe der Zeit etwas Neues entstünde, das weder mit dem »alten« Amt des katholischen Klerikermannes, aber eben auch nicht mit dem Amt der Pastorin in den Kirchen des Protestantismus einfach identisch wäre. Mit anderen Worten und noch einmal weiter gefasst: Setzt man sich für Demokratie in der Kirche und ein Frauenpriestertum ein, heißt das nicht, auf feierliche Liturgien, den vertrauten Rhythmus des Kirchenjahres und seine Bräuche, auf die dem Katholizismus so eigenen Gesänge, Gebete und Versammlungsformen zu verzichten. Die Kirche würde damit nicht mit einem Mal durch eine, wie manche das als Menetekel an die Wand malen, »protestantisierte« neue Gemeinschaftsform ersetzt. Das Gute und Vertraute, das vielen Heimat gibt, dürfte bleiben. Es würde aber geöffnet werden für einen Entwicklungsweg, der sich am Maßstab der Gerechtigkeit orientiert.

Ich halte diese Überlegung für wichtig, weil sie vielen Menschen die Angst nehmen kann und zugleich auch eine Aufgabe skizziert. Man braucht nicht die Sorge zu haben, mit einer Erweiterung des Ämterzugangs würde einem alles abhanden kommen, was man an der eigenen konfessionellen Tradition schätzt und für den eigenen Glauben existenziell benötigt. Zugleich wird deutlich, dass ein solcher Schritt nicht im Stile des *Copy-and-paste* bestimmter Gepflogenheiten einer anderen religiösen Praxis erfolgen kann. Erforderlich ist vielmehr eine langsame, unter Umständen auch mühsame, in jedem Falle aber spannende und kreative Phase der kulturellen Implementierung des Anspruchs der Geschlechtergerechtigkeit in die eigene konfessionelle Tradition, die durch einen solchen Schritt langsam verändert werden wird.

Abschied von heiligen Strukturen

In einer Runde von Kollegen aus der theologischen Zunft, mit denen ich die Thesen dieses Buches diskutierte, wurde die Einschätzung geäußert: »Wir teilen alles, was du sagst, es ist der Sache nach richtig. Im Grunde willst du das ›Wesen‹ der Kirche verändern – das wird aber zu einem Schisma führen!« Diese Position wird häufig ins Feld geführt, wenn es um Fragen nach der Zukunft der Kirche und dem anstehenden Änderungsbedarf geht. Ich halte sie für sehr riskant, vielleicht sogar für gefährlich. Wie schnell wird hier eine vermeintliche Teilung der Christenheit ins Feld geführt und damit bereits im Ansatz verhindert, über grundlegende Fragen nachzudenken? Wenn noch nicht einmal in der Situation der existenziellen Krise über Fundamentales nachgedacht werden darf, ist der Kirche wirklich nicht mehr zu helfen.

Ich denke, die Güterabwägung zwischen den beiden Polen »Einheit bewahren« und »Veränderungen wagen« kann in der gegenwärtigen Situation nicht länger so vorgenommen werden wie bisher üblich. Denn die Realität des Missbrauchs, der in der Kirche und durch die Kirche geschah – und wahrscheinlich weiterhin geschieht – ist unter keinen Umständen etwas, das in Kauf genommen werden darf, um eine wie auch immer geartete »Einheit« zu erhalten. Gibt es diese Einheit denn eigentlich noch? Wenn man die Lage betrachtet, finden sich bereits heute Momente der Spaltung im Innern dieser Kirche, die vom einheitlichen Kleid der Institution nur oberflächlich bemäntelt werden: Spaltung zwischen bischöflicher Leitung und Kirchenvolk, zwischen Laien und Klerus, auch zwischen Gemeindepriestern und Bistumsmanagement. In einer solchen Situation ist es keine Option, mit dem Verweis auf eine drohende Spaltung die grundlegende Debatte für aussichtslos zu erklären. Sie muss geführt werden, um überhaupt eine Chance auf Zukunft zu haben.

Die hier gemachten Vorschläge für einen Richtungswechsel formulieren jeweils sehr weite Felder und konnten nur angedeutet werden. Es war mir wichtig, deutlich zu machen, dass die zuvor unternommene Kritik des gegenwärtigen Kirchenmodells nicht in der Sackgasse enden muss. Alle Vorschläge folgen eigentlich einer Grundmelodie, nahegelegt durch das Nachdenken über die Missbrauchskrise: Wie kann es gelingen, jenes geschlossene System zu öffnen, als das sich die Kirche im Laufe der vergangenen Jahrhunderte etabliert hat? Es muss geöffnet werden, weil es ein System ist, welches den biblischen Impulsen für das Christsein oft im Wege steht. Es ist ein System, in dem Verbrechen, deren mangelnde Aufklärung und der Schutz der Täter wuchern konnten wie in einem Biotop.

Eine Kirche, deren Geschicke von Frauen wie von Männern geleitet werden, in der Macht nicht geleugnet, sondern aktiv ausgeübt, aber eben auch transparent kontrolliert wird, in der Regelverletzungen von Amtsträgern strikt sanktioniert werden und die ihre Regeln nach den Kriterien von Menschenwürde und

Menschenrechten formuliert – eine solche Kirche wäre kein geschlossenes System. Sie wäre dann ein offenes, ein »atmendes« System, in dem Fehler und Vergehen seiner Amtsträger und Mitglieder keinesfalls ausgeschlossen werden können. Aber auch ein System, das bewusst mit solcher Fehleranfälligkeit rechnet und weiß, wie man verantwortungsvoll damit umgeht.

Kann die Kirche nicht sogar besser ihrem Ruf gerecht werden, das zur Nachfolge gerufene Volk Gottes zu sein, wenn sie sich von dem Druck befreit, eine »geschlossene Anstalt« des Heiles zu sein? Ihre Strukturen sind von fehlerhaften Menschen gemacht und ihre Ämter werden von diesen fehlerhaften Menschen bevölkert. Wie vermessen ist es, diesem Gebilde die Last aufzuerlegen, die verheißene Gottesherrschaft schon unter irdischen Bedingungen eins zu eins zu repräsentieren? Was dabei herauskommt, wenn soziale Systeme zu hoch von sich denken und dann zu sehr auf sich bezogen sind, sieht man an den Verbrechen des Missbrauchs. Lange sah man weg und schützte Täter mehr, als dass man sich den Opfern zuwandte – weil in vermeintlich heiligen Strukturen so etwas ja nicht vorkommen kann oder diese Strukturen beschädigt werden, wenn man offen und ehrlich über das Geschehene redet ...

Missbrauch des Missbrauchs sei es, so der perfide Einwand einiger Kirchenführer, wenn im Zuge der Aufarbeitung der Missbrauchsfälle auch über grundsätzliche Fragen der Kirchenstruktur und des Profils kirchlicher Ämter gesprochen werde. Nein, im Gegenteil, verhängnisvoll wäre es, dies nicht zu tun. Weil man dann nicht der Verantwortung gerecht wird, die in der Krise sichtbar wird: dafür Sorge zu tragen, dass solches in Zukunft weniger wahrscheinlich wird.

Am Ende stellt sich die Frage: Wie viel Aussicht auf Veränderung gibt es? Müssen wir wirklich auf den »Putsch von oben« warten, der wahrscheinlich niemals kommen wird? Der Untertitel dieses Buches macht eine gewagte Aussage: Gläubige sollten und werden es nicht akzeptieren, dass ihnen die Kirche durch das Abwarten der Amtsträger und die Beharrungskräfte der Tradition kaputtgemacht wird. »Wir lassen das nicht zu« – dass uns dieses einzigartige Projekt ›Kirche‹ weggenommen wird, Gläubige enteignet und heimatlos werden aufgrund verknöcherter Strukturen, deren dynamische Fortentwicklung von einem kleingeistigen, ideologisierenden Denken blockiert wird.

Die geschichtliche Erfahrung lehrt, dass wirkliche Veränderung von Großgebilden wie Gesellschaft und Staat nur geschehen wird, wenn Druck von unten aufkommt und dieser Druck deutlich artikuliert wird. Wie ist es mit der Kirche? Wird sie wirklich zugrunde gehen, weil »die kritischen Leute längst ausgewandert sind«? Diejenigen, die allein in der Lage gewesen wären, den nötigen Druck zu machen? Welch vernichtendes Urteil spricht eine solche Einschätzung über diejenigen aus, die sich auch heute vom Wort Gottes treffen lassen und dazu aufgerufen sind, dem Ruf Gottes zu antworten, indem sie Kirche sind?

Wird das so oft beschworene »Volk Gottes« seine Rolle annehmen und sich bei allen Risiken und Gefahren seine Kirche zurückholen? Es ist eine offene Frage.

Literatur und Empfehlung

Dieses Buch kommt ohne Fußnoten und Anmerkungen aus. Mir war wichtig, es so zu schreiben, dass jede und jeder es möglichst leicht und flüssig lesen kann. Dennoch stehe ich mit den hier geäußerten Gedanken und Überlegungen nicht alleine auf weiter Flur, noch kommen sie aus dem Nichts. Im Folgenden sollen einige der Quellen genannt sein, die mich – auf unterschiedliche Weise – inspirierten und meine Wahrnehmung schulten.

Heinrich Bedford-Strohm, *Liberation Theology for a Democratic Society. Essays in Public Theology*. Collected and Edited by Michael Mädler and Eva Wagner-Pinggéra, Lit: Münster, 2018.

Heiner Bielefeldt, *Philosophie der Menschenrechte. Grundlagen eines weltweiten Freiheitsethos*, WBG: Darmstadt, 1998.

Ernst-Wolfgang Böckenförde, *Wissenschaft, Politik, Verfassungsgericht.* Aufsätze von E.-W. Böckenförde und ein biografisches Interview von Dieter Gosewinkel, Suhrkamp: Berlin, 2011.

Judith Butler, *Anmerkungen zu einer performativen Theorie der Versammlung*, Suhrkamp: Berlin, 2016 (2015).

Michel de Certeau, *GlaubensSchwachheit*, Kohlhammer: Stuttgart, 2009 (1987).

Michel de Certeau, *Mystische Fabel. 16. bis 17. Jahrhundert*, Suhrkamp: Berlin, 2010 (1982).

Margit Eckholt, Ulrike Link-Wieczorek, Dorothea Sattler, Andrea Strübind (Hg.), *Frauen in kirchlichen Ämtern. Reformbewegungen in der Ökumene*, Herder: Freiburg, 2018. Darin enthalten ist die »Osnabrücker Erklärung« mit einer Stellungnahme von Kardinal Luis Ladaria (2018), von denen in Kapitel vier die Rede ist.

Aloys Goergen, *Glaubensästhetik. Aufsätze zu Glaube, Liturgie und Kunst* (hrsg. von Albert Gerhards u. Heinz Robert Schlette), Lit: Münster, 2007.

Marianne Heimbach-Steins, *Religionsfreiheit. Ein Menschenrecht unter Druck*, Schöningh: Paderborn, 2012.

Konrad Hilpert, *Ehe, Partnerschaft, Sexualität. Von der Sexualmoral zur Beziehungsethik*, WBG: Darmstadt, 2015.

Wolfgang Huber, *Gerechtigkeit und Recht. Grundlinien christlicher Rechtsethik*, Gütersloher Verlagshaus: Gütersloh, 1996.

Hans Joas, *Glaube als Option. Zukunftsmöglichkeiten des Christentums*, Herder: Freiburg, 2012.

Siegfried Kleymann, *O Seligkeit, getauft zu sein? Vom Glaubenszeugnis einer Ortsgemeinde*, Aschendorff: Münster, 2005.

Johann Baptist Metz, *Christliche Anthropozentrik. Über die Denkform des Thomas von Aquin*, Kösel: München, 1962.

Bernhard Meuser, Johannes Hartl, Karl Wallner (Hg.), *Mission Manifest. Die Thesen für das Comeback der Kirche*, Herder: Freiburg, 2018.

Mario Perniola, *Vom katholischen Fühlen. Die kulturelle Form einer universellen Religion*, Matthes & Seitz: Berlin, 2013 (2001).

Hartmut Rosa, *Resonanz. Eine Soziologie der Weltbeziehung*, Suhrkamp: Berlin, 2016.

Carl Schmitt, *Römischer Katholizismus und politische Form*, Klett-Cotta: Stuttgart, 2016 (1925).

Dorothee Sölle, *Es muss doch mehr als alles geben. Nachdenken über Gott*, dtv: München, 1995.

Vilma Sturm, *Barfuß auf Asphalt*, Kiepenheuer & Witsch: Köln, 1981.

Jürgen Werbick, *Den Glauben verantworten. Eine Fundamentaltheologie*, Herder: Freiburg, 2005.

John Howard Yoder, *Die Politik Jesu*, Neufeld Verlag: Schwarzenfeld, 2012 (1972).

Lesetipp: Heft 2/2019 der Zeitschrift »Bibel und Kirche« (hrsg. vom Katholischen Bibelwerk e.V.) widmet sich dem Thema *Macht und Kirche*.